THE MAKING OF DIGITAL

Ulrich Bode

Bibliografische Information der Deutschen Nationalbibliothek:
Die Deutsche Nationalbibliothek verzeichnet diese Publikation in
der Deutschen Nationalbibliografie; detaillierte bibliografische Daten
sind im Internet über http://dnb.dnb.de abrufbar.

Verlag: Trochos GmbH, Eichenau, Deutschland
Herstellung: BoD – Books on Demand, Norderstedt, Deutschland
Co-Autor: Barbara Niedner, München

ISBN 978 3 938277 01 0 » Hardcover
ISBN 978 3 938277 02 7 » Paperback
ISBN 978 3 938277 03 4 » eBook

http://themakingof.digital

Inhalt

Vorwort

Als ich in den 1980er Jahren an der TU München Informatik studierte, war die IT-Welt noch überschaubar. Die Befehle eines Mikroprozessors kannte ich bald auswendig, das Programmieren fiel den meisten von uns leicht, einzig die Mathematik war anspruchsvoll. Die Informatik ist so jung, dass ich manchen Pionier wie Konrad Zuse oder Steve Jobs noch persönlich erlebt habe.

Zu meinen Lehrmeistern gehörten der Nestor der deutschen Informatik, Friedrich L. Bauer, und der Altmeister der österreichischen Informatik, Heinz Zemanek. Beide waren auf ihre Weise Universalgelehrte, die nicht nur selbst Teil der Informatikgeschichte sind, sondern sich auch intensiv für die Aufarbeitung der informatischen Historie engagierten. Zemanek hat dies in Büchern und Vorträgen dargestellt und Bauer hat die Informatik-Abteilung im Deutschen Museum in München aufgebaut.

Beide bemühten sich auch darum, ihrer Studentenschaft die Geschichte der Informatik nahezubringen. Was ich dabei gelernt habe, ist, einen Sinn für die langfristigen Trends in der Informatik zu entwickeln. Die Revolutionen fallen auch in der Informatik nicht einfach so vom Himmel.

Heute ist es allerdings viel schwieriger, den Überblick zu behalten. Kannte man einst die Akteure persönlich und konnte sich in einem Studium noch als Einzelner einen breiten Kenntnisstand verschaffen, so ist mit dem World Wide Web die technologische Basis geradezu explodiert. Es ist schon für die Fachleute anstrengend, die Übersicht zu bewahren, aber für Außenstehende ist das kaum leistbar. Vielen Unternehmen fällt es schwer, die wenigen, aber entscheidenden, Maßnahmen zu erkennen und umzusetzen.

Mit diesem Buch möchte ich auch für Nicht-Experten einen verständlichen Überblick zur digitalen Revolution geben. Ich möchte Unternehmen und ihren Mitarbeitern zeigen, wie sie die Digitalisierung nicht nur beherrschen, sondern auch für ihren eigenen Fortschritt nutzen können.

Die Digitalisierung hat einen epochalen Wandel in allen Bereichen ausgelöst. Wirtschaft und Gesellschaft befinden sich in einem grundlegenden Veränderungsprozess.

Die digitale Transformation bedeutet für Unternehmen eine doppelte Revolution: Zum einen treibt diese Transformation die Digitalisierung der Produkte und Dienstleistungen der Unternehmen voran – die Transformation von analog zu digital; zum anderen strukturiert sie die Organisation auf hohes Tempo und permanente Veränderung, zum agilen Unternehmen um.

Nicht nur die Unternehmen werden digitalisiert, sondern ganze Geschäftsmodelle sind von der Digitalisierung erfasst. Die Informationstechnologie (IT) ist vom Dienstleister zum Treiber eines umfassenden Wandels geworden. Neue Organisationsstrukturen und Abläufe werden in der IT erprobt und erobern das ganze Unternehmen. Produkte und Dienste entstehen auf digitaler Basis.

Die Technologien sind kein Selbstzweck, sondern dynamische Wegbereiter für neue Organisationsstrukturen, neue Produkte und neue Märkte.

Die Nutzung der digitalen Möglichkeiten erschafft neue Giganten der Wirtschaft, die global ganze Märkte vereinnahmen. Nur einer kann gewinnen, für den Zweiten ist kein Raum – The Winner Takes It All. „The Making of Digital" zeigt, wie ein Unternehmen die Marktführerschaft im globalen Wettbewerb übernimmt und was auf diesem Weg konkret angepackt werden muss.

Über die einzelnen Aufgaben zur Umsetzung der Digitalisierung hinaus zeigt das Buch die Grundmechanismen und wegweisenden Trends der Digitalisierung sowie des Wandels auf. Auf diese Weise lassen sich künftige Entwicklungen langfristig abschätzen und werden somit vorhersehbar.

Wir leben in einer VUCA-Welt, ist häufig zu hören und zu lesen. Das Akronym steht im Englischen für Volatilität, Unsicherheit, Komplexität und Mehrdeutigkeit (ambiguity). Diesen angstgeprägten Begriffen möchte ich eine andere Perspektive entgegensetzen: ACH – Agilität, Kreativität (Creativity) und Humanität.

Die bemerkenswerteste Entwicklung wird sein, dass die Digitalisierung den Menschen wieder in den Mittelpunkt stellt. Dies geschieht nicht immer wohlmeinend und ist auch nicht immer beabsichtigt. Und doch ist der Spannungsbogen von universeller Digitalmaschine und emotionalem Analogmenschen treibende Kraft für Wandel und Innovation.

☆ **Agilität, Kreativität, Humanität**

Das Buch ist allgemeinverständlich gehalten, so dass sich auch Nicht-Experten mit der Lektüre einen fundierten Überblick verschaffen können. Kurz und prägnant wird das Wesentliche herausgearbeitet und die zukünftige Entwicklung erläutert. In den Textkästen sind ergänzende Informationen enthalten, die auch zum Nachschlagen einladen. Die Entwicklung bleibt bekanntlich nicht stehen. Wer auf dem Laufenden bleiben möchte, findet regelmäßig aktuelle Themen im Blog:

http://themakingof.digital

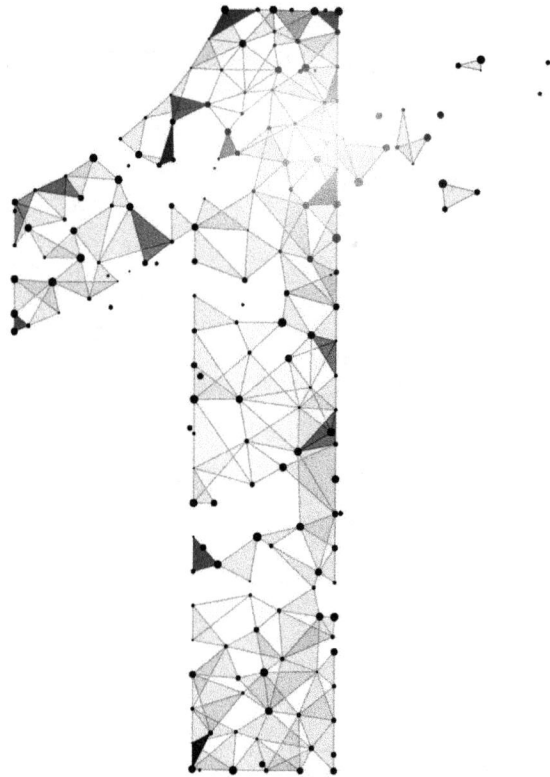

DAS
DIGITALE
EBENBILD

Das digitale Ebenbild

Die Schöpfungsgeschichte des Menschen ist auch eine Geschichte der Abstraktionsfähigkeit des Menschen. Das berühmte Gemälde von Michelangelo zeigt als Sinnbild dieser Schöpferkraft den Augenblick, als der göttliche Funke des Lebens auf den Menschen überspringt. Neuroanatomischen Analysen zufolge soll Michelangelo seine für die damalige Zeit ungewöhnlichen Kenntnisse über die Anatomie des Menschen in seiner Gottes-Komposition zum Ausdruck gebracht haben, welche frappierend dem Querschnitt eines Gehirns entspricht. Mit seinen naturwissenschaftlichen Forschungen stand Michelangelo der Kirche durchaus kritisch gegenüber. Und so könnte der Funke Gottes auch interpretiert werden als geistiger Funke. Oder neuzeitlich gar als neuronaler Funke.

Insofern erzählt der Schöpfungsmythos auch die Geschichte einer geistigen Entdeckungsreise des Menschen: Von der Erschaffung als Gottes Ebenbild über den Baum der Erkenntnis bis hin zur wissenschaftlichen Forschung der Neuzeit. Die menschliche Fähigkeit zur Abstraktion ist ein wesentlicher Teil der Menschheitsgeschichte und der menschlichen Sicht der Dinge. Das Verhalten der Natur verstand der Mensch zunächst als eine innewohnende Seele, wie die Seele eines Baums und das Wesen des Wassers. Später abstrahierte der Mensch die Baumseelen zu einem Gott der Bäume, einem Gott des Wassers und zu Göttern aller Elemente und Kräfte. Und diese Abstraktionsfähigkeit führt schließlich zu dem einen universellen Gott als Ursprung alles Seins.

Die eigene Schöpferkraft entdeckte der Mensch in der Bearbeitung der Natur und gestaltet seither die Welt nach seinem eigenen Maßstab. Auf der Suche, was die Welt im Innersten zusammenhält, zerlegt er die Dinge in ihre Einzelteile, bis in das kleinste Detail der Atome. Mit der Abstrahierung auf 0 und 1 läutet er schließlich das digitale Zeitalter ein. Alles, was sich irgendwie technisch abbilden lässt, kann darauf abgebildet werden. Das Elementarteilchen der digitalen Welt ist das Bit. Digitalität ist die Maximierung der Einfachheit.

☆ **Digitalisierung vereint sowohl höchste Abstraktion als auch kleinstmögliche Zerlegung.**

Die Abstraktionsfähigkeit des Menschen hat mit dem minimalistischsten Prinzip, das überhaupt denkbar ist, den größten Hebel aller Zeiten geschaffen. Die Digitalisierung eröffnet dem Menschen nicht nur die Möglichkeit, die Realität zu verändern, sondern die Realität neu zu erfinden. Der Mensch wird selbst zum Schöpfer. Er erschafft ein digital veränderbares Ebenbild seiner Realität und neue virtuelle Welten.

Computerspiele lassen uns in fremde Rollen schlüpfen und virtuelle Fabriken Arbeitsabläufe erproben, noch bevor eine Fabrik gebaut wird. Reale und virtuelle Welt verschmelzen zunehmend. Das eigene digitale Ebenbild eröffnet dem Menschen überdies ungeahnte Möglichkeiten, um mittels ,Human Enhancement' über sich selbst und seine biologischen Grenzen hinauszuwachsen. Ebenso hinterlässt er jedoch auch in Datenbanken von Staaten und Unternehmen einen digitalen Fingerabdruck.

Gleichwohl sind Schein und Sein fortan abgekoppelt voneinander. Digitalisierung trennt Form und Funktion vollständig. An einem Fahrrad erkennt man die Funktion sofort; es lässt sich nicht als Brille benutzen. Funktion und Erscheinungsbild, Sein und Schein, sind eins. Beim Computer ist das tatsächliche Sein mit Prozessor, Speicher und Netzwerk unabhängig von der möglichen Erscheinung als Spiel oder Antriebssteuerung. Form und Funktion sind getrennt. Die daraus folgende unvergleichliche Flexibilität verleiht dem Computer seine fundamentale Kraft. Digitalisierung ist nicht nur eine Frage der Technologie, sondern auch eine gesellschaftliche Herausforderung, da Digitalisierung eine noch nie dagewesene Schöpferkraft offenbart. Bestehendes wird grundlegend verändert und neue Realitäten entstehen. Was heute noch ein spannendes Computerspiel ist, kann morgen schon Wirklichkeit sein.

Virtuelle Maschinen

Diese Fähigkeit zu abstrahieren, nutzt die IT-Branche für ihre ureigenen Aufgaben. Schon als Klassiker gilt die Virtuelle Maschine (VM). Auf einem realen Computer wird ein anderer Computer simuliert, eben die VM. Eine VM kann ein anderer Rechnertyp mit einem anderen Betriebssystem sein als der reale.

Durch diese Virtualisierung eines Computers besteht die Möglichkeit, beliebig verschiedene VMs auf einer realen Maschine zu betreiben. Praktisch hat das seine Grenzen, denn irgendwann wird der reale Rechner an seine Leistungsgrenzen stoßen. Sind zu viele VMs aktiv, werden sie entsprechend langsam. Doch mit einem entsprechend leistungsfähigen Server kann eine respektable Zahl von VMs auf nur einer Maschine laufen. Als Server („Diener") bezeichnet man seit den 1980er Jahren mit dem Auftreten der Personal Computer (PC) einen zentralen Rechner, der von mehreren Clients genutzt wird und Dienste zur Verfügung stellt. Aus der Zeit der Großrechner in den 1960er Jahren stammen die vergleichbaren Bezeichnungen Host („Gastgeber") und Terminal. Während Terminals weitgehend vom Host gesteuert werden, sind Clients typischerweise selbst vollwertige Rechner, etwa PCs oder Laptops. Server und Clients sind, wie auch Host und Terminal, über Netzwerke miteinander verbunden.

Ein Server ist zwar deutlich teurer als mehrere kleine Maschinen, aber dennoch günstiger als diese einzelnen Maschinen in der Summe. Zudem wird er besser ausgelastet, ist energieeffizienter und die Wartungskosten für einen großen Server sind ebenfalls günstiger als für viele kleine Maschinen. Darüber hinaus können sie flexibel genutzt werden und ermöglichen eine zentrale Verwaltung, etwa von Zugriffsrechten.

Cloud Computing

Die klassische IT verfügt über ein unternehmenseigenes Rechenzentrum. Im Zuge des IT-Outsourcing in den 1990er Jahren übernahmen Dienstleister die Aufgabe das Rechenzentrum zu betreiben. Das Bild des „Rechners in einer Wolke" beschreibt das Konzept eines Rechenzentrums „irgendwo" außerhalb des eigenen Unternehmens.

Damals entstanden die ersten Ideen und Produkte für Cloud Computing. Amazon bot ab 2006 seinen Dienst Amazon Web Services (AWS) an und damit im großen Stil IT-Infrastruktur in einem externen Rechenzentrum, die flexibel genutzt und bedarfsabhängig bezahlt wird.

Für Aufbau und Betrieb einer Cloud wurde eine Reihe von Softwareprodukten entwickelt. Diese werden nicht nur für Cloudsysteme von Dienstleistern (Public Cloud) genutzt, sondern auch für firmeninterne Rechenzentren (Private Cloud) – oder für einen Mix aus beiden, als Hybrid Cloud.

Zwischen realem System und der virtuellen Maschine verbindet ein spezielles Steuerungsprogramm, ein sogenannter Hypervisor. Der Hypervisor steckt für die VMs die technischen Ressourcen ab, d. h. welches Betriebssystem der VM zur Verfügung gestellt wird, welche Prozessoren und wie viel Speicher. Zugleich überwacht er die VMs. Ein Hypervisor definiert also für die VM die verfügbare Hardware. Auf diese Weise können auf einem Server verschiedene VMs zum Einsatz kommen, die ganz unterschiedliche Anforderung an Hardware und Betriebssystem haben.

Die Virtualisierung hat einen weiteren Vorteil: Ausfallsicherheit. Ist eine reale Maschine defekt, können die auf dieser Maschine laufenden VMs auf einer anderen realen Maschine weiterlaufen, als wäre nichts passiert. Voraussetzung ist natürlich, dass mindestens ein weiterer gleichartiger Server zur Verfügung steht. Es ist dann nur ein kleiner Schritt in die Cloud, sprich die Frage, ob die VM im hauseigenen Rechenzentrum läuft, in einem externen Rechenzentrum oder auch wahlweise (hybrid) je nach aktuellem Bedarf. Sofern überhaupt ein eigenes Rechenzentrum genutzt werden soll, empfiehlt es sich, auch dort Cloud-Technologien einzusetzen. Der Übergang zwischen Private Cloud und Public Cloud kann dann fließend gestaltet werden.

Der Mechanismus „Virtualisierung", die Simulation einer Komponente auf einer realen Hardware, ist so kraftvoll, dass inzwischen alle IT-Komponenten virtualisiert sind und Lego-artig standardisiert werden. So können auch Netzwerke als sogenannte Software-defined Networks (SDN) virtualisiert werden; oder der klassische Desktop als Virtual Desktop. Dahinter steckt selbstverständlich immer reale Hardware.

Die Digitalisierung eines Unternehmens sowie die seiner Produkte und Dienstleistungen ist die Grundlage für das weitere Geschehen. Diese kann in mehreren Ebenen beschrieben werden:

★	Ebene	Art der Digitalisierung	Beispiele
☆	Ebene 0	Keine oder nur marginale Digitalisierung	Die Zahl der Beispiele wird immer weniger
☆	Ebene 1	Digitalisierung Verwaltung	Die meisten Unternehmen
☆	Ebene 2	Digitale Anreicherung Kerngeschäft	Spedition mit GPS und optimierten Routing
☆	Ebene 3	Digitalisierung Kerngeschäft	Finanz-App, eBook
☆	Ebene 4	Digital basiertes Kerngeschäft	Cloudspeicher, Suchmaschine

In den folgenden Kapiteln betrachten wir, wie diese vier Ebenen konkret beschaffen sind.

Digital first

Auf Ebene 1 wird digitalisiert, was sich digitalisieren lässt und die analoge Version soweit wie möglich abgeschafft. Das digitale Objekt hat Vorrang und steuert reale Objekte, soweit diese noch relevant sind. Gehen wir das einmal am Beispiel „Digitalisierung der Papierpost" durch:

1. An der Eingangsstelle, etwa Poststelle oder Kundenberatung, werden die Briefe per Scanner digitalisiert. Je früher digitalisiert wird, desto besser. Dadurch können Medienbrüche vermieden und die Vorteile der Digitalisierung von Anfang an genutzt werden.

2. Ein gesondertes digitales Archiv in Analogie zu einer Registratur würde zum Bruch in den fachlich strukturierten Geschäftsprozessen führen. Deshalb muss die digitale Version in die Fachlichkeit integriert werden, in der Regel in die entsprechende Fachanwendung.

3. Das Original geht davon getrennt einen eigenen Weg. Je nach fachlicher Anforderung wird es vernichtet, zurückgegeben oder archiviert. Im operativen Tagesgeschäft wird nur noch die digitale Version verwendet.

Die Organisation hat allein dadurch bereits wichtige Fortschritte erzielt:

☆ **Sofort:**   Das Dokument steht in Sekundenschnelle zur Verfügung.
☆ **Überall:**   Das Dokument kann weltweit aufgerufen werden.
☆ **Für jeden:** Jeder kann das Dokument einsehen, sofern er dazu berechtigt ist.

Daten-Management

Wichtige Aufgaben im Daten-Management sind, die grundsätzliche Verfügbarkeit der Daten sowie ihre Sicherung und Integrität zu gewährleisten. Darüber hinaus sind Datenschutz und Datenqualität zu behandeln. Ziel ist die Ressource Daten zu schützen und ihren Nutzen zu optimieren.

Content-Management

Während sich Daten-Management vor allem mit Daten als einzelne Werte beschäftigt, konzentriert sich Content-Management auf zusammenhängende Informationen wie Texte, Bilder, Audio- und Videodateien. Neben Aufgaben wie im Datenmanagement ist im Content-Management auch die Veröffentlichung etwa auf einer Website oder das Management von Urheberrechten relevant.

Digitales Kuratieren

Mit strukturierten Linksammlungen wurden im Internet schon früh Webseiten nach Themen kuratiert. Später liefen ihnen die Suchmaschinen den Rang ab. Manche Suchmaschinen versuchen, Suchergebnisse maschinell in kuratierter Form aufzubereiten. Mit dem Beginn des Internet-Zeitalters explodiert die Menge an neuen Daten und Information. Die tägliche Datenmenge übertrifft die Gesamtmenge an Daten, die die Menschheit je vor dem Internet insgesamt produziert hat. Und mit der Digitalisierung werden die Datenmengen weiter exorbitant steigen. Trotz Suchmaschinen ist die im Internet verfügbare Information heute schon kaum mehr zu überblicken. Die klassische Stichwortfilterung reicht oft nicht aus, um spezielle Produkte und Inhalte zu finden, beispielsweise, um semantische Inhalte wie Designqualität zu erkennen. Hier wird Künstliche Intelligenz eine zunehmende Rolle spielen, um digitales Kuratieren noch mehr auf die Kriterien menschlicher Wahrnehmung und Emotion abzustimmen.

Digitaler Zwilling

Auf Ebene 2 erhalten die Bestandteile eines Unternehmens, die sich nicht digitalisieren lassen, einen digitalen Zwilling. Ein Unternehmen besteht aus vier strukturellen Bestandteilen: Ziele, Ressourcen, Prozesse und deren Koordination.

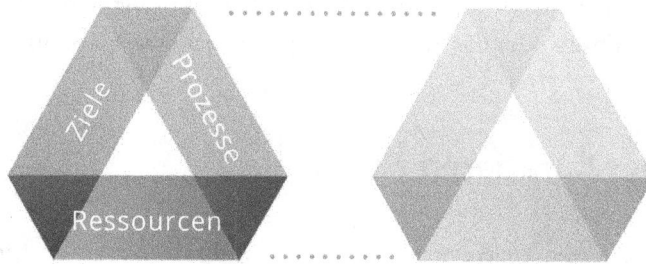

Reale Struktur und ihr digitales Ebenbild

Der digitale Zwilling einer Fabrik kann diese virtuell darstellen, sogar bevor sie gebaut wird. Umstellungen können virtuell durchgespielt werden, Mitarbeiter neue Abläufe trainieren, Optimierungen erforscht und im Betrieb Soll und Ist ständig abgeglichen werden.

Diese Digitalisierung kann bis zu jedem kleinsten Bauteil und einfachsten Prozessschritt vorangetrieben werden. Jede Schraube, jede Aktion kann digital kontrolliert und gespeichert werden. Spannend ist das Wechselspiel zwischen realem und digitalem Objekt, etwa der laufende Abgleich von Simulation und realen Verhalten.

Die vier Elemente erhalten jeweils ein digitales Gegenstück:

★ Was	Ebenbild	Beispiele
☆ Ziel	Jeder reale Zielwert wird digital gemessen und bewertet.	Durchlaufzeit einer Bestellung, Kosten einer Lieferung
☆ Ressource	Jedes reale Element bekommt einen digitalen Zwilling.	Virtuelles Gerät, digitalisiertes Bauwerk, virtuelle Fabrik
☆ Prozess	Jede reale Aktion wird digital begleitet.	Digitale Versandverfolgung
☆ Koordi- nation	Das gesamte Zusammenspiel wird digital abgewickelt.	Digitales Workflow- Management

Das Prinzip „digitaler Zwilling" ist auf andere Bereiche übertragbar. So ist es nur eine Frage der Zeit, bis jeder Mensch seinen digitalen Zwilling erhält. Dazu wird der Mensch vollständig radiologisch durchleuchtet, sein Gesundheitszustand fortlaufend erfasst und das Genom entschlüsselt. Bei Krankheiten kann ein Medikament nicht nur maßgeschneidert, sondern auch vorab am digitalen Zwilling erprobt werden. Entsprechende Tests werden automatisiert durchgeführt.

Die Zwillingsidee findet sich auch in der modellbasierten Entwicklung wieder. Viele traditionelle Vorgehensmodelle für Software-Projekte sind dokumentzentriert, wie etwa das V-Modell. Es geht stets darum, dass bestimmte Dokumente in den verschiedenen Entwicklungsphasen erstellt werden müssen. Beispielsweise würde man in einem Anforderungsdokument die Eigenschaften eines Elektromotors beschreiben und ergänzend mit Skizzen den Aufbau darstellen. Statt einer schriftlichen Spezifikation wird in der modellbasierten Entwicklung das digitale Modell, der digitale Zwilling, verwendet. Die Spezifikation steckt dann in den Parametern, die das Modell definieren.

Digitales Kerngeschäft

Auf Ebene 3 wird das Kerngeschäft digitalisiert. Am Beispiel Fahrzeugantrieb sehen wir, wie eine analoge Baugruppe digitalisiert wird:

Das klassische analoge Automobil verfügt über einen zentralen Motor, dessen Leistung über das Getriebe an die vier Räder weitergeleitet wird. Wie lässt sich ein derart klassisch analoges Bauteil wie ein Getriebe vollständig durch Software ersetzen?

Wir werfen hierfür einen Blick in die Geschichte: Ferdinand Porsche erhielt schon im Jahre 1900 auf der Weltausstellung in Paris Lob und Anerkennung für den von ihm entwickelten Radnabenmotor.

Beim Radnabenmotor verfügt jedes Rad über einen separaten Elektromotor. Statt eines zentralen Motors erhält jedes Rad einen eigenen elektrischen Antrieb. Die elektrische Energie wird von der Batterie über Kabel geleitet. Ein analoges Getriebe ist somit überflüssig. Erforderlich ist nur noch die digitale Steuerung der Energie. Dazu kann jedes Rad einzeln angesteuert werden – stufenlos. Natürlich ist dies alles auch analog möglich; aber mit was für einem Aufwand!

Der Radnabenmotor hat viele Vorteile:
☆   Der Motor sitzt direkt am Rad und erzielt so einen höheren Wirkungsgrad von über 90 Prozent.
☆   Die Drehzahl kann für jedes Rad individuell gesteuert werden, verbessert auf diese Weise die Straßenlage, was Sicherheit und Fahrdynamik erhöht sowie den Energieaufwand senkt.

☆ Die Bremsenergie kann besser rückgewandelt werden (Rekuperation), was die Reichweite erhöht. Zugleich kann die klassische Reibungsbremse verkleinert werden oder fällt gänzlich weg.

☆ Die Gelenkwellen fallen weg und ermöglichen so einen besseren Lenkwinkel. Der Wendekreis wird kleiner und sogar seitliches Einparken wird möglich.

☆ Fällt ein Motor aus, können die anderen dies bis zu einem gewissen Grad kompensieren.

☆ Durch die weggefallenen Bauteile steht mehr Innenraum zur Verfügung: Außen Kleinwagen, innen Mittelklasse.

Nachteilig ist das höhere Gewicht der Räder, welches eine erhebliche Schwungmasse darstellt und zusätzlichen Aufwand für eine komfortable Federung erfordert. Dies ist neben der elektrischen Reichweite ein wichtiger Grund, warum der Radnabenmotor bislang noch ohne Erfolg geblieben ist. Dank neuer leichter Materialien und immer kleinerer und leistungsfähiger Elektronik – verbunden mit entsprechender Ingenieurkunst – wird Größe und Gewicht so weit reduziert, dass es nur eine Frage der Zeit ist, bis der Radnabenmotor zum Durchbruch kommt – eine Innovation mit einer Anlaufzeit von über einem Jahrhundert.

....

Automobilantrieb im Wandel der Zeit

Um 1900 waren 40 Prozent der Autos in den USA dampfbetrieben, 38 Prozent elektrisch und nur 22 Prozent mit Benzin.

....

Der elektrische Radnabenantrieb führt dazu, dass der Antriebsstrang mit Kupplung, Getriebe, Antriebswelle und Differentialgetriebe komplett entfällt und digital gesteuert wird. Die digitale Steuerung integriert auch die optimale Verteilung der Antriebs- und Bremskräfte, wie sie heute schon in der Fahrdynamikregelung (Electronic Stability Control, ESC) zum Einsatz kommt. Der Antriebsstrang ist ein Klassiker für komplexe analoge Technologien und kann mit einer disruptiven Technologie digitalisiert werden.

Digitales Geschäftsmodell

Auf Ebene 4 lebt ein Geschäftsmodell allein in der digitalen Welt. Digitale Speicher wie Dropbox, Hörbuchanbieter wie Audible oder Notizbücher wie Evernote sind rein digitale Geschäftsmodelle.

Das Geschäftsprinzip solcher Unternehmen ist Daten-Verarbeitung auf einem
neuen Niveau. Daten sind ihr Rohstoff, die Geschäftsgrundlage. Es werden
massiv Daten gespeichert und in Echtzeit in Beziehung gesetzt. Unternehmen
wie Google, Facebook oder YouTube verdanken ihre Finanzkraft den Daten
ihrer Kunden.

Digitale Geschäftsmodelle leben typischerweise von
☆   Daten in großem Umfang (Big Data),
☆   die intelligent in Beziehung stehen
☆   und jederzeit überall verfügbar sind.

Daten sind die Basis für diese Geschäftsmodelle. Erst durch Daten wird die
Realität in den digitalen Systemen buchstäblich erfassbar. Der Rohstoff „Big
Data" wird durch Daten-Veredelung zu hochwertigen und nutzbringenden
„Smart Data".

Die Digitalisierung verändert alle Ebenen eines Unternehmens:
☆   Unternehmen und Geschäftsmodelle
☆   Prozesse und deren Koordination
☆   Produkte und Dienstleistungen

Digitale Geschäftsmodelle verändert ganze Märkte.

Digitalisierung

Im Englischen wird der deutsche Begriff „Digitalisierung" unterschieden:

Digitisation: Die Digitalisierung der Ressourcen,
                      etwa ein Papierdokument in digitaler Form nach dem Scan.

Digitalisation: Die Digitalisierung der Prozesse.

Die digitale Revolution ist unter anderem gekennzeichnet durch:

☆ **Hohe Geschwindigkeit:** Das Tempo der Veränderung nimmt mit rasender Geschwindigkeit zu und verlangt eine Aktionsgeschwindigkeit der Unternehmen in Echtzeit.

☆ **Weitreichende Innovation:** Innovationen verändern bestehende Strukturen massiv oder ersetzen sie vollständig. Nichts ist mehr sicher.

☆ **Software first:** Die Software ersetzt die Hardware und steuert die verbliebenen Hardwareanteile.

☆ **Skaleneffekte:** Eine steigende Zahl von Nutzern oder Kopien der Software erfordern nur geringe Mehrkosten.

☆ **The Winner Takes It All:** Anstatt vieler Einzelakteure übernimmt ein Monopolist ganze Märkte.

Wie kann ein Unternehmen dabei erfolgreich sein und wo bleibt der Mensch?

ZUSAMMENFASSUNG Kapitel 1

☆ Die Digitalisierung ist Ausdruck der Abstraktionsfähigkeit des Menschen.

☆ Die Virtualisierung ermöglicht eine wesentlich flexiblere Nutzung.

☆ Soweit möglich werden physische Objekte digitalisiert.

☆ Nicht digitalisierbare Objekte erhalten einen digitalen Zwilling.

☆ Kerngeschäft und sogar das Geschäftsmodell kann digital basiert sein.

AGILITÄT DURCH AUTOMATISIERUNG

Agilität durch Automatisierung

Sie haben sicherlich schon von „agilen Unternehmen", „die Schnellen fressen die Großen" und Ähnlichem gehört. Vielleicht haben Sie auch davon gelesen, dass Führungskräfte mehr Verantwortung an die Mitarbeiter abgeben sollen, dass die Strukturen flexibler werden müssen oder man die Unternehmenskultur ändern soll. Mit agilen Organisationen sei die Arbeit locker und leicht, schnell und günstig – einfach großartig.

Oft ist Agilität nur ein schönerer Begriff für das real existierende Chaos. Die Wahrheit ist, dass Agilität harte Arbeit im „Maschinenraum" voraussetzt. Die grundlegenden Ideen zur Agilität haben sich in der Softwareentwicklung gebildet. Wer die Blaupause aus der IT versteht, kann Agilität in allen Bereichen umsetzen. Es lohnt sich daher, einen Blick in die Ursprünge der IT-Agilität zu werfen und die Erkenntnisse auf andere Bereiche zu übertragen.

Das Phasenmodell

In der IT gibt es ein traditionelles Entwicklungsverfahren: Das Phasenmodell. Dies wird auch als Wasserfall-Modell bezeichnet, was allerdings ein schiefes Bild vermittelt. Im Phasenmodell wird nach Planung und Konzeption die Software entwickelt, anschließend zusammengebaut (Build), getestet (Qualitätssicherung) sowie zu guter Letzt installiert (Deployment) und der Betrieb (Operating) aufgenommen.

Eine Phase nach der anderen wird abgearbeitet. Bedeutende Phasen wie Entwicklung und Testung benötigen typischerweise mehrere Monate.

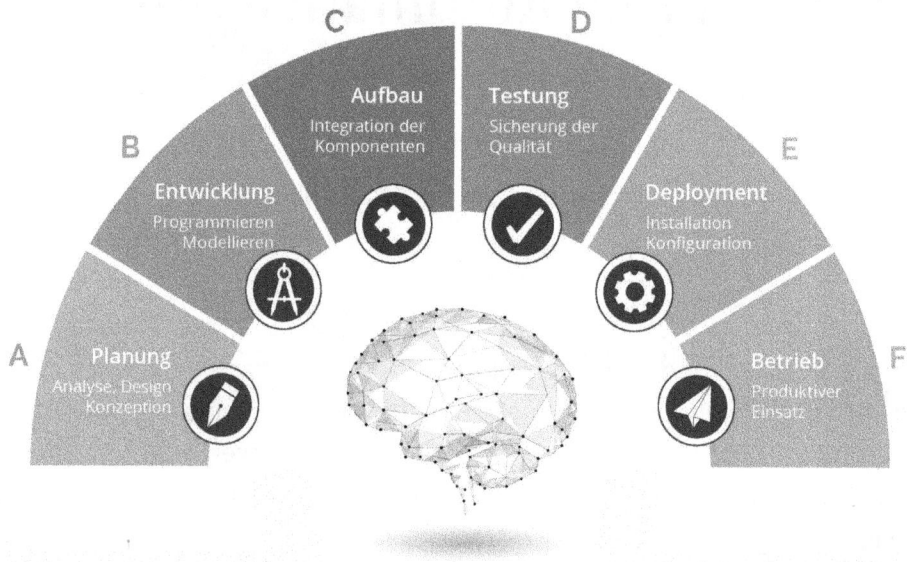

C   D

B

Aufbau
Integration der
Komponenten

Testung
Sicherung der
Qualität

E

Entwicklung
Programmieren
Modellieren

Deployment
Installation
Konfiguration

A

Planung
Analyse, Design
Konzeption

Betrieb
Produktiver
Einsatz

F

Traditionelles Phasenmodell

Es galt lange Zeit die Lehrmeinung, dass jede Phase nur einmal durchlaufen wird und jeweils zu einem abschließenden Ende gelangt. Die Pipeline der Softwareentwicklung, vom Konzept bis zum Betrieb, erinnert stark an eine Lieferkette oder an die allgemeine Arbeitsweise zwischen den Bereichen (Silos) eines Unternehmens.

In einer Welt, die sich immer schneller dreht, hat das leider große Nachteile. Die Abfolge der einzelnen Bearbeitungsschritte nimmt zu viel Zeit in Anspruch. Auch können sich die ursprünglichen fachlichen Gründe verändern, bevor das System in Betrieb geht. In der Folge kommt es zu hektischen Änderungen im Projekt (Change Request), die meist von Kostensteigerungen und Zeitverzug begleitet werden. Im schlimmsten Fall kommt das Produkt viel zu spät auf den Markt, den andere schon besetzt haben, oder wird abgebrochen.

Agile Softwareentwicklung dagegen teilt den Gesamtaufwand in kleine Entwicklungspakete, sogenannte Sprints. Innerhalb von 3 Wochen, dem Sprint, durchläuft ein Entwicklungspaket alle Phasen, von der Entwicklung über das Testen bis zur Inbetriebnahme.

Traditionelles Phasenmodell versus agiles Prozessmodell

Die Grafik unten zeigt den Unterschied zwischen dem traditionellen Phasenmodell und dem agilen Prozessmodell. Zur Vereinfachung sind nur die beiden Phasen Entwicklung und Test dargestellt. Das Zusammenspiel dieser beiden Phasen ist für die agile Entwicklung entscheidend.

Im traditionellen Phasenmodell sind Entwicklung und Test in zwei lange Phasen eingeteilt. Sie werden jeweils einmal durchgeführt und setzen klare Vorgaben zu Beginn jeder Phase voraus.

Im agilen Modell werden dagegen viele kurze Sprints durchlaufen, mit einer überschaubaren Zahl an Teilaufgaben, welche jeweils mit einem definierten Ergebnis abschließen. Dies sind im Bild die Entwicklungs-Sprints.

Permanente Testdurchläufe begleiten die einzelnen Sprints und gewährleisten somit eine ständige Qualitätssicherung. Ein dreiwöchiger Sprint hat typischerweise mehrere hundert Testdurchläufe. Entwicklung und Test laufen im Sprint gemeinsam – also parallel statt sequentiell.

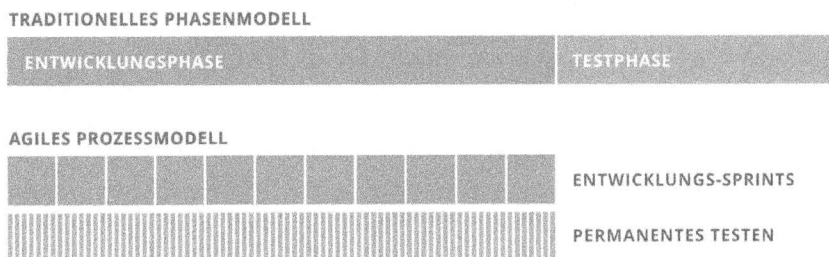

TRADITIONELLES PHASENMODELL

ENTWICKLUNGSPHASE | TESTPHASE

AGILES PROZESSMODELL

ENTWICKLUNGS-SPRINTS

PERMANENTES TESTEN

Traditionelles Phasenmodell versus agiles Vorgehensmodell

Durch diese Veränderung der Arbeitsweise ergeben sich schlagartig entscheidende Vorteile: Ein Unternehmen ist mit agiler Entwicklung schneller mit einer ersten Version am Markt (Time-to-Market). Missverständnisse, Fehler und andere Probleme können umgehend korrigiert werden. Sehr viel schneller als mit traditionellen Verfahren steht ein Minimum Viable Product (MVP), das minimalste vollwertige Produkt, zur Verfügung. In einer global vernetzten Welt ist Geschwindigkeit entscheidend, wenn man aus einer Innovation Rendite erzielen will. Es ist besser, mit einem Funktionsumfang nach der 80/20-Regel Geld zu verdienen und einen Markt zu besetzen, als zu spät mit dem perfekten Produkt zu scheitern. Nach Vilfredo Pareto sind 80% der Ergebnisse mit 20% des Gesamtaufwands erreichbar.

Anforderungsmanagement

In der Softwareentwicklung arbeitet man mit grafischen und textlichen Beschreibungen, um Anforderungen darzulegen. Diese Beschreibungen haben eine bestimmte Struktur sowie bestimmte Inhalte:

User Story: Eine User Story beschreibt mit wenigen Sätzen aus der Sicht des Nutzers den Grund und das Ziel einer Anforderung im entsprechenden Kontext. Beispiel: „Als Verkäufer möchte ich im Rahmen der Kontaktpflege ein Jahr nach dem Kauf den Kunden anrufen, um Feedback über das Produkt zu bekommen, damit das Produkt noch besser gemacht werden kann."

Epic: Mehrere fachlich zusammengehörende User Stories sind in einem Epic, im Sinne einer Zusammenfassung, beschrieben und zugeordnet. Beispiele für Epcis sind „Angebote bearbeiten" oder „Auslieferung durchführen".

Thema: Mehrere Epics können einem Thema zugeordnet werden, etwa dem Thema „Neues Vertriebskonzept". Die strukturierte Zusammenfassung der User Stories ist nicht standardisiert und wird in Projekten unterschiedlich verwendet.

Use Case: (Anwendungsfall) stellt den Ablauf grafisch und textlich im Detail dar. Dazu werden die einzelnen Schritte veranschaulicht und die verschiedenen Möglichkeiten, z.B. auch Fehlerfälle, verzweigt. Ein Use Case mit Kundenbezug orientiert sich beispielsweise an den Kontaktpunkten (Touchpoints).

Im agilen Maschinenraum

Diesen großen Geschwindigkeitsvorteil bekommt man aber nicht einfach so geschenkt. Insbesondere die Qualitätssicherung, die überwiegend durch Testen realisiert wird, stellt einen Engpass dar. Klassisches manuelles Testen von Testteams, die Wochen benötigen, ist für diese Vorgehensweise ungeeignet. Um den Entwicklern schnelles Feedback geben zu können, muss rund um die Uhr getestet werden. Im Idealfall wird nach jeder Änderung das ganze System qualitätsgesichert. Das darf keinesfalls Tage dauern, sondern höchstens eine Stunde. Sie ahnen es schon: Der Computer muss das Testen übernehmen. Testautomatisierung heißt das Zauberwort.

Wie funktioniert Testautomatisierung? Vereinfacht gesagt, werden mittels Programm die Eingaben eines menschlichen Testers simuliert und die Ausgaben einem Soll-Ist-Vergleich unterzogen.

Die entsprechenden Testprogramme müssen – wie jede andere Software – von menschlichen Softwareentwicklern programmiert werden. Während manuelles Testen einst eine unbeliebte Arbeit für Praktikanten war, so übernehmen heute spezialisierte Softwareentwickler die Aufgabe der Testautomatisierung.

Testautomatisierung ist aufwendig und folglich kostenintensiv. Es ist nicht ungewöhnlich, dass die Entwicklung der Testprogramme die Hälfte der Kosten für die eigentliche Softwareentwicklung beträgt. Bedenkt man allerdings, dass häufiges manuelles Testen, aufwendige Fehlersuche und Stabilisierungsphasen ebenfalls kostspielig sind, amortisiert sich die Testautomatisierung rasch. Von der Steigerung der Qualität und der Verkürzung Time-to-Market ganz zu schweigen. Gelder sind in der Testautomatisierung gut angelegt.

Testautomatisierung, oder allgemeiner formuliert die Qualitätssicherung, ist der Schlüssel zur agilen IT. Nur so kann Software in kurzer Zeit, nicht länger als eine Stunde, qualitätsgesichert werden und alsbald sogar live gehen. Testautomatisierung integriert die Qualitätssicherung in den allgemeinen Ablauf.

Agiler Benchmark in der Softwareentwicklung

Ein Team ist agil, wenn es in der Lage ist, ein Softwaresystem nach einer Änderung innerhalb einer Stunde vollständig zu testen und binnen einer weiteren Stunde produktiv zu setzen.

2009 entwickelte die europäische Drogeriekette ‚dm-drogerie markt‘ eine neue individuelle Kassensoftware. Das Projekt nutzte von Anfang an die Methoden der agilen Softwareentwicklung, insbesondere eine voll automatisierte Pipeline. Roman Melcher, Geschäftsführer Informationstechnologie bei dm, kommentierte damals: „Mit der Testautomatisierung haben sich die Testzeiträume sehr stark verkürzt, was zu einer schnelleren Time-to-Market führt.“

Unternehmen wie dm sind mit Testautomatisierung in der Lage, Innovationen schneller als mit der Qualitätssicherung durch menschliche Tester in den Markt bringen. Wenn am Vormittag, etwa durch Neuerungen eines Wettbewerbers, Änderungen an der Software erforderlich werden, ist es möglich, dass die Entwicklungsabteilung bis zum Abend mit einer entsprechenden Umsetzung darauf reagiert hat. Durchlaufen die Änderungen erfolgreich die automatisierten Tests, kann die neue Softwareversion umgehend installiert werden. Im Beispiel einer Drogeriekette wären dies alle Filialen weltweit, so dass bereits am nächsten Morgen die neue Version den Mitarbeitern an den Kassen zur Verfügung steht.

Auf diese Weise wird ein fließender Übergang zwischen Entwicklung und Inbetriebnahme realisiert. Auf einer Konferenz in Belgien bekam diese Arbeitsweise 2009 einen Namen: DevOps. Die Wortschöpfung DevOps ist ein Kunstwort aus Development (Entwicklung) und Operations (Betrieb). Die Mauern zwischen beiden Bereichen wird mit DevOps eingerissen. DevOps denkt vom Ende her: Dem produktiven Einsatz, der bereits in der Entwicklung organisiert wird.

Im Kern bedeutet dies, dass auch die Installation (Deployment) und Inbetriebnahme automatisiert wird, so dass eine durchgängige Pipeline entsteht. Wer eine derart leistungsfähige Automatisierung aufgebaut hat, der kann auch im Wettbewerb bestehen. Den härtesten Benchmark für den Handel stellt auch hier Amazon dar: Schon 2011 wurden im Schnitt über 7.000 Deployments pro Tag auf bis zu 30.000 Amazon-Rechnern gleichzeitig durchgeführt.

☆ **Ohne Automatisierung gibt es keine Agilität.**

Entscheidend für Agilität ist also die Automatisierung der Lieferkette. In der IT spricht man von Continuous Delivery (CD), d. h. fortlaufend in sehr kurzer Zeit eine geänderte Version der Software zu bauen, zu testen und zu installieren. Dabei ist die automatisierte Qualitätssicherung (Testen) eine besondere Herausforderung. Doch ohne dieses automatisierte „Quality Gate" bleibt Agilität nur ein netter Versuch, Chaos in eine charmante Worthülse zu kleiden.

Qualität bekommt auf diese Weise eine neue „Qualität". Qualität ist nicht nur ein positives Merkmal gegenüber dem Kunden; Qualität bildet die unabdingbare Grundlage für effiziente Produktivität in der Softwareentwicklung. Ohne die kontinuierliche Qualitätssicherung der Software, sowie die umgehende Fehlerbeseitigung, wird ein Entwicklerteam in der Produktivität gebremst und der wirtschaftliche Wert einer Software erodiert. Qualität kostet, fehlende Qualität kostet ein Vielfaches mehr.

DevOps steht für einen Wandel in der Unternehmenskultur. Die Software wird nicht mehr vom Silo „Entwicklung" an das Silo „Betrieb" übergeben, sondern alle Beteiligten arbeiten gemeinsam an den Zielen einer effizienten Bereitstellung und eines stabilen Betriebs von Software. Die Grundlage dafür ist die Automatisierung der Abläufe, sowohl in der Bereitstellung, als auch im Betrieb. Im Kapitel „Das automatisierte Rechenzentrum" werden wir darauf noch näher eingehen.

Professionelle Routine

Viele Dinge wirken für den Betrachter mühelos, sind jedoch Resultat harter Vorarbeit: Wenn eine Balletttänzerin über die Bühne schwebt, dann steckt jahrelanges intensives Training dahinter. Wenn Fußballteams mit faszinierenden Ballstafetten die Fans begeistern, dann sind das viel geübte und einstudierte Ball- und Laufwege. Wenn ein Geiger virtuos ein Violinspiel darbietet, so ist auch dies ein Resultat jahrelanger Übung. Die Leistungsfähigkeit setzt eingeübte Routine voraus. Automatisierung ist die Grundlage für Agilität.

Der heute seminargetriebene Fortbildungsbereich wird zukünftig in vielen Berufen um kontinuierliches Training erweitert werden. Neben einmaligen Schulungen werden tägliche Trainingseinheiten wie bei Sportlern üblich werden. Nicht nur die technischen Systeme müssen in ihrer Qualität ständig gesteigert werden, sondern auch der Mensch muss sich weiterentwickeln. Lebenslanges Lernen muss Teil der täglichen Arbeit sein. Qualität entscheidet.

Das agile Manifest

Das Agile Manifest von 2001 ist der Grundstein der agilen Entwicklung. Auslöser für das agile Manifest waren zu viele Softwareprojekte, die durch Bürokratie, starre Regeln und umständliche Prozesse scheiterten oder nur mit erhöhten Zeitaufwand und zusätzlichen Kosten realisiert werden konnten.

Die agilen Konzepte lassen sich über die Software hinaus auf alle Produktentwicklungen anwenden. Die Techniken und Verfahrensweisen aus der IT sind auf andere Unternehmensbereiche übertragbar. Mehr noch: Ist erst einmal die IT agil ausgerichtet, zieht sie weitere Bereiche mit sich, die ebenfalls agil werden. Daher spricht man inzwischen auch vom agilen Unternehmen.

Etwa zur gleichen Zeit wie das Agile Manifest entstand auch die Projektmanagement-Methode Scrum. Der Name Scrum stammt aus dem Rugby und ist im Sinne eines kleinen selbstständig operierenden Teams gedacht. Bei Scrum wird ein Projekt in dreiwöchige Teilprojekte – die Sprints – unterteilt und schließt jeweils mit einem definierten Ergebnis ab.

Ein wichtiges Element von Scrum ist das sogenannte Product Backlog, einer Liste mit allen Anforderungen für das Projekt. Geführt wird das Product Backlog vom Product Owner, der diese beständig fortschreibt. Zudem sorgt der Product Owner dafür, die Anforderungen mit dem Entwicklungsteam und dem Kunden abzustimmen. Auf diese Weise kann das Projekt sowohl für das Entwicklerteam als auch für die Stakeholder transparent geführt und bei Bedarf angepasst werden. Für den jeweiligen Sprint werden die für diesen Sprint geplanten Backlog-Einträge aus dem Product Backlog im Sprint Backlog an das Entwicklerteam übergeben. Die entsprechenden Aufgaben werden innerhalb des Teams eigenständig verteilt. Nach jedem Sprint erfolgt eine Prüfung der Ergebnisse sowie ein Verfahrensvorschlag und im Idealfall die Zustimmung und Freigabe durch den Kunden.

Sinnvoll ist es auch in jedem Sprint Raum in der Planung für dringende Anforderungen zu lassen sowie für das sogenannte Refactoring Zeit einzuplanen. Beim Refactoring wird die Bestandssoftware geprüft, aktualisiert und ggf. neu strukturiert. Manchmal muss sie auch in Teilen oder ganz durch eine Neuentwicklung ersetzt werden. Das ist wichtig, um die Qualität des Bestands oben zu halten, ähnlich wie bei einem Gebäude oder bei Maschinen. Andernfalls entstehen sogenannte technische Schulden. Ohne Wartung und Renovierung ist auch eine Software dem Verfall anheimgestellt.

Ein Sprint dauert drei Wochen, kann aber auch länger oder kürzer sein. Die Maximaldauer sollte einen Monat nicht überschreiten, da andernfalls der Sinn eines Sprints nicht gelebt wird. Weniger als zwei Wochen ist selten empfehlenswert, da der organisatorische Aufwand dann überhandnimmt. Die Sprints werden meist fortlaufend nummeriert.

Drei Horizonte für die Sprintplanung

Das Modell der 3-Horizonte wurde 1999 in dem Buch „Die Alchimie des Wachstums" von Mehrdad Baghai, Stephen Coley und David White beschrieben. Sie unterscheiden drei Innovations- und Wachstumshorizonte im Zeitrahmen von etwa drei Jahren: Horizont 1 für das laufende Geschäft (current), Horizont 2 für aktuelle Innovationsprojekte (next) und das Zukunftslabor in Horizont 3 (future).

Das Modell eignet sich auch als Orientierungsrahmen für die Sprintplanung. Die auf den aktuellen Sprint (Horizont 1) folgenden Sprints werden währenddessen vorbereitet (Horizont 2). Es empfiehlt sich, ungefähr die nächsten drei bis sechs Sprints schrittweise zu planen und mit allen Beteiligten abzustimmen. Die Planung bezieht sich dabei nicht nur auf die inhaltlichen Fragen, sondern

Kernaussagen des agilen Manifests

1

Individuen und Interaktionen sind wichtiger als Prozesse und Werkzeuge.
Prozesse und Tools sind wichtig, sollten jedoch schmal gehalten werden.
Wesentlich wichtiger ist die intensive Kommunikation zwischen allen Betei-
ligten, damit es am Ende nicht heißt: „Ach, so war das gemeint".

2

Funktionierende Software ist wichtiger als umfassende Dokumentation.
Funktionierende Software hat Vorrang vor Softwarebürokratie. Dennoch ist
die Dokumentation wichtig und hilfreich, auch wenn der Schwerpunkt bei
agiler Entwicklung auf dem Ergebnis liegt.

3

Kundenzusammenarbeit ist wichtiger als Vertragsverhandlung.
Eine vertrauensvolle Zusammenarbeit zwischen Kunde und Softwarelieferant
bedeutet, dass man auch wirklich zusammenarbeitet. Der Vertragsabschluss
ist lediglich der Anfang. Agile Verfahrensweisen sind wesentlich stärker auf
den Kunden fokussiert. Da in kurzen Abständen funktionierende Software
geliefert wird, kann der Kunde diese schneller prüfen und Feedback geben.

4

Reagieren auf Veränderung ist wichtiger als das Befolgen eines Plans.
Plan und Konzept sind gut und notwendig. Jedoch dürfen Veränderungen
nicht als Störung empfunden werden. Stattdessen müssen die Strukturen
für Veränderungen ausgelegt sein.

auch auf die Bereitstellung der erforderlichen Ressourcen wie Personal und Budgets. Horizont 3 ist durch das Product Backlog repräsentiert.

Scrum und Kanban

Scrum ist heute die am häufigsten genutzte Organisationsform für agile Projekte. Scrum garantiert noch keinen Erfolg, aber bietet Strukturen für ein Umfeld, in dem Veränderungen die Regel sind. Die kurzen Zyklen erlauben bei Bedarf eine schnelle Anpassung und eine schrittweise Verfeinerung der Produktentwicklung. Scrum ist nicht an die Entwicklung von Software gebunden, sondern kann grundsätzlich auch für Projekte in anderen Bereichen zum Einsatz kommen.

Eine ähnliche Methode ist Kanban, ursprünglich in Japan bei Toyota entwickelt. Auch hier geht es um einen wohlorganisierten Durchfluss der Arbeitsschritte und um beständige Veränderung. Beliebt sind die Kanban-Boards, die einen raschen Statusüberblick ermöglichen. Kanban ist leichtgewichtiger als Scrum und daher auch für kleine Projekte und die Tagesarbeit gut geeignet.

Hochgradig agil

„Reagieren auf Veränderung" ist ein zentraler Schlüssel für das Verständnis von Agilität. Die Fähigkeit eines Unternehmens, auf Veränderungen schnell reagieren zu können, setzt neue Organisationsstrukturen und Unternehmenskulturen voraus. Es ist die Fähigkeit, auf Änderungen sofort (wann), weltweit (wo) für alle Beteiligten (wer) reagieren zu können.

Vielen Unternehmen bereitet die Umstellung noch große Schwierigkeiten. Aus diesem Grund wurde die Idee der bimodalen Arbeitsweise geboren. Der Kern des Unternehmens arbeitet dabei weiterhin stabil und routiniert und verändert sich nur langsam und langfristig. Die Innovationen erfolgen außerhalb des Kernunternehmens, etwa durch interessante Apps für Kunden oder in der Präsentation schöner bunter Webportale.

☆ **„Es ist nicht die stärkste Spezies die überlebt, auch nicht die intelligenteste, es ist diejenige, die sich am ehesten dem Wandel anpassen kann."** *Charles Darwin*

Bimodale Strukturen sind geborene Verlierer. Gerade der Kern eines Unternehmens wird von der Digitalisierung erfasst und muss, wie alle anderen Unternehmensbereiche, auf agile Strukturen umgebaut werden. Mehr noch: Gerade und vorrangig der Kern eines Unternehmens muss agil werden, weil eben dieser Kern von den massiven Veränderungen angegriffen wird. Die bunte Außenwelt nützt nichts, wenn der träge Kern auf radikale Marktveränderungen nicht reagieren kann. Wenn ganze Geschäftsmodelle in kurzer Zeit nicht mehr tragfähig sind, dann ist das ganze Unternehmen gefordert sich zu verändern und anzupassen, allen voran der Unternehmenskern.

Bimodale versus agile Strukturen:

★ Falsch	Richtig
☆ Bimodale IT	Systemimmanente Veränderung
☆ Kern-IT beständig	Automatisierte Basis
☆ Umfeld-IT flexibel	Agile Nutzung

Aber auch in agilen Organisationen gibt es stabile Strukturen. Die Automatisierung, besonders die beschriebene Pipeline, ist stabile Grundlage für den agilen Umgang mit Veränderung. Der Schnitt zwischen Stabilität und Flexibilität ist daher ein anderer. Statt eines stabilen Kerns mit einem flexiblen Umfeld steht die Automatisierung für Stabilität und deren agile Nutzung für Flexibilität.

Change Management ist nicht mehr ein projektbezogener Einzelfall, sondern ein permanentes Prinzip für die gesamte Organisation.

☆ **Wer hochgradig agil sein will, muss noch viel weiter gehen:
Er muss die Zukunft lesen können.**

Fällt eine Maschine aus, so wird der Wartungsdienst gerufen. Der kommt auch – ganz agil – umgehend und repariert. In der Zukunft zeigen Sensoren an, wenn ein Ausfall droht. Der Wartungsdienst kommt hochgradig agil, bevor die Maschine ausfällt.

Stromlieferanten aktivieren Kraftwerke, bevor der Verbrauch steigt. Banken erkennen Kreditausfälle, bevor sie eintreten. Kunden werden zum Bleiben bewegt, bevor sie sich zum Wechsel entschließen. Und der Arzt ist schon unterwegs, bevor die Herzattacke beginnt.

Monitoring der Zukunft

Ein wichtiges Mittel für hochgradige Agilität ist Monitoring. Permanent werden dazu das technische System sowie die Kundenwünsche gemessen. Auf diese Weise lassen sich Abweichungen vom Sollwert, auftretende Fehler oder unbekannte Entwicklungen erkennen. Aus unterschiedlichsten Quellen werden die Daten gesammelt, gefiltert und aufbereitet, um sie anschließend in verschiedenen Auswertungen zur Verfügung zu stellen. Beispielsweise lösen aktuelle Fehler einen Alarm aus, während Trends durch einen Analytiker in großen historischen Datenbeständen aufgespürt werden.

Das Monitoring muss verschiedene Ebenen berücksichtigen: Auf der technischen Ebene werden die Systeme beobachtet, etwa ob ein Rechner ausfällt oder eine Netzwerkverbindung zu langsam ist, auf der Anwendungsebene wird fachlich beispielsweise die Zahl der Nutzer oder die Bearbeitungsdauer der Prozesse laufend kontrolliert. Die Geschäftsebene interessiert sich wiederum für die aktuellen Umsätze oder Trends bei den Verkäufen.

Ein leistungsfähiges Monitoring zeigt in Echtzeit nicht nur die Historie und den aktuellen Status an (Descriptive Analytics), sondern errechnet auch zukünftige Trends (Predictive Analytics) und unterbreitet Vorschläge für Verbesserungen (Prescriptive Analytics); damit ein Unternehmen schon auf Veränderungen reagieren kann, bevor sie Wirkung zeigen. In Echtzeit beobachten, Fehlentwicklungen melden und Trends erkennen, wird gerne als MAT (Monitoring, Alerting, Trending) abgekürzt. Damit die Polizei schon am Tatort ist, bevor das Verbrechen stattfindet. Bei agilen Unternehmen sind Kundenwünsche kein Störfaktor und Marktveränderungen kein Risiko, sondern die Chance, sich Wettbewerbsvorteile zu verschaffen.

Die fachlichen Ebenen für das Monitoring:

★ Ebene	Beispiele
☆ Geschäft	Verkaufszahlen
☆ Anwendung	Zahl der Nutzer, Prozessdauer
☆ Technik	Rechnerauslastung, Netzbelastung

Agile Organisationen sind darauf ausgelegt, jederzeit schnell und früh auf Änderungen zu reagieren, sich beständig anzupassen und weiterzuentwickeln. Die zugrundeliegenden Automatisierungen verschaffen ihnen den kreativen Spielraum.

☆ **Event driven: Das Monitoring ist wesentliche Grundlage für ereignisgesteuerte Unternehmen.**

Monitoring ist die Beobachtung von Veränderungen, sei es der Status eines Rechners, die Umsätze eines Shops oder der Zustand eines Marktes. Die Merkmale sind auf den verschiedenen Ebenen – wie etwa die technische oder die geschäftliche Ebene – unterschiedlich. Die Prinzipien Beobachten, Alarmieren und Vorhersagen sind jedoch auf allen Ebenen anwendbar. Wer ein Unternehmen in die Lage versetzen will, jederzeit auf Veränderungen reagieren zu können, muss leistungsfähige Monitoring-Systeme aufbauen, um ebendiese Veränderungen erkennen zu können.

Die zeitlichen Bezüge für das Monitoring:

★ Zeit	Verfahren	Aufgabe
☆ Vergangenheit	Monitoring	Nachvollziehbarkeit sicherstellen
☆ Gegenwart	Alerting	Alarmierung auslösen
☆ Zukunft	Trending	Trends erkennen

Vom Logging zum Monitoring

Programme speichern besondere Vorkommnisse und Statusinformationen in sogenannten Logdateien. Dort sammeln sich große Datenmengen. Wenn sich Fehler häufen, wird reichlich spät – wie die Stecknadel im Heuhaufen – nach einer Fehlersituation gesucht, um daraus Rückschlüsse für Gegenmaßnahmen zu ziehen.

Das ist nicht sehr effektiv, sondern aufwendig und vor allem nicht zeitnah. Das Monitoring in Echtzeit bringt eine ganz neue Qualität. Wenn ein Fehler auftritt, wird sofort reagiert. Entweder ist eine automatisierte Reaktion vorgesehen oder das Betriebs- und Supportteam greift ein. Man stelle sich das wie einen Kontrollraum in der Raumfahrt vor. Das Gute ist, dass es dafür bereits leistungsfähige Verfahren und Werkzeuge gibt. Die Fachbegriffe sind Application Performance Management (APM) und IT Operations Analytics (ITOA). Allerdings bedingt der qualifizierte Umgang mit den vielfältigen Informationen und Werkzeugen auch eine hochwertige Ausbildung und Erfahrungswissen der Monitoring-Teams.

Das automatisierte Rechenzentrum

Es ist absehbar, dass vollautomatisierte Fahrzeuge, vollautomatisierte Produktionsanlagen und noch manche andere vollständig automatisierte Systeme Alltag werden. Es lohnt sich daher, einen Blick in das automatisierte Rechenzentrum als Musterbeispiel zu werfen.

Wird in der Softwareentwicklung ein neuer Programmcode geschrieben, so wird dieser mit anderen erforderlichen Softwareteilen zu einem Ganzen zusammengefügt. Dies ist der sogenannte Build-Prozess. Dazu muss man verstehen, dass Software heute aus Hunderten einzelner Software-Komponenten besteht. Der Build-Prozess führt diese nach vorgegebenen Regeln zusammen. Da diese Arbeit mühselig und aufwendig ist, wird sie – wie könnte es anders sein – automatisiert.

Um die fertige Software auf die Produktivsysteme auszuliefern, wird das fertig zusammengestellte Programm in einen sogenannten Software-Container verpackt. Das ist letztlich nichts anderes als eine Art Zip-Datei. Der Clou daran ist die Art und Weise, wie diese Datei im Inneren strukturiert ist.

Genau wie Container für Warentransporte sind auch Software-Container normiert: Bei Transport-Containern geht es um Länge, Breite und Höhe. Bei Software-Container geht es darum, wie die einzelnen Software-Komponenten in der Container-Datei platziert sind und wie und wo sie beim Entpacken auf der Zielmaschine gespeichert werden. Transport-Container und Software-Container standardisieren jeweils, sind ansonsten aber nicht vergleichbar. Die IT-Branche nutzt, wie so oft, nur ein Bild aus der realen Welt.

Die Struktur eines Programms

Software für eine Anwendung (Application) dient einem bestimmten Zweck, etwa Buchhaltung oder Textverarbeitung. Die Abkürzung „App" wird meist für Applikationen auf Smartphones verwendet, sie gilt grundsätzlich jedoch auch für alle anderen Anwendungen.

Komplexe Anwendungen bestehen oft aus mehreren Einzelprogrammen. Beispielsweise bestehen Softwaredienste im Automobil (Car-Connect) aus verschiedenen Anwendungen im Fahrzeug selbst, dem Programm für die Verbindung zwischen Fahrzeug und Rechenzentrum, dem Webportal, einer Smartphone-App, der Fahrzeugverwaltung, der Nutzerverwaltung usw.

Um die verschiedenen Software-Funktionen besser zu strukturieren, werden sie jeweils als Dienst (Service) mit einer standardisierten Schnittstelle bereitgestellt. Die funktionale Aufteilung erfolgt in voneinander unabhängige Dienste. Jeder Dienst konzentriert sich auf eine fachliche Aufgabe, ganz im Sinne von „Do One Thing and Do It Well". Entsprechende Architekturstandards sind Service Oriented Architecture (SOA, 1996) und Microservices Architecture (MSA, 2014). Die ergänzende technische Aufteilung besteht traditionell aus Datenhaltung, Programmlogik (Business Layer) und Präsentation (User Interface).

Ursprünglich wurden Programme als Gesamtpaket entwickelt, die sogenannten Software-Monolithen. Je umfangreicher und je komplexer Software wurde, desto mehr bestand der Bedarf, die Software zu strukturieren und den Produktivbetrieb in dieser Struktur bereits zu berücksichtigen.

Mit der Aufteilung der Programme hat man sich allerdings auch ein Kommunikations- und Integrationsproblem eingehandelt. Bei SOA versuchte man, die Kommunikation der verschiedenen Programme noch über ein Spezialprogramm, dem Enterprise Service Bus (ESB, 2002) zu lösen. Heute werden die Dienste über ihre jeweilige Programm-Schnittstelle genutzt und zu einer einheitlichen Anwendung verknüpft. Eine Schnittstelle wird als API (Application Programming Interface) bezeichnet. Ein Standardformat für eine API ist REST (Representational State Transfer, 2000), weitere sind SOAP (Simple Object Access Protocol, 1999) und GraphQL (Facebook 2015). Es bleibt eine Daueraufgabe der Informatik, Software sinnvoll aufzuteilen und zu strukturieren und sie anschließend wieder zu integrieren.

....

Normierung der Software-Container

Am häufigsten wird für Software-Container „Docker" von dem gleichnamigen Unternehmen verwendet. Um einen Wildwuchs zu vermeiden, wurde die Open Container Initiative (OCI) gegründet. 2017 hat sie die erste Version für den Standard eines Containers auf der Basis von Docker veröffentlicht.

Branchenüblich spricht man bei dieser speziellen Zip-Datei von einem Image. Erst wenn die im Image enthaltene Software gestartet ist, spricht man von einem Container. Image hat nichts mit Fotografie zu tun, sondern versteht sich als ein neustrukturiertes Abbild der ursprünglichen Programmdateien. Container laufen isoliert voneinander, was Sicherheit und Stabilität stärkt. Container nutzen hierzu die Virtualisierungsmöglichkeiten von Linux oder anderen Betriebssystemen.

In ähnlicher Weise werden Apps für Smartphones bereitgestellt. Allerdings sind dies spezifische Standards der Hersteller. Für Android muss eine App in eine apk-Datei (Android Package Kit) verpackt werden. Eine apk-Datei ist eine spezielle Zip-Datei, die den Programmcode, Mediendateien und die sogenannte Manifest-Datei (Name, Version, Berechtigungen etc.) enthält.

....

Die Standardisierung durch Container vereinfacht nicht nur das Deployment (Installation), sondern in der Folge auch den Betrieb. Damit Software auf einem System wie gewünscht läuft, muss es auf einem IT-System mit anderen Anwendungen bzw. Diensten und der Infrastruktur wie Speicher und Netzwerk zusammenarbeiten – die Orchestrierung. Die Regeln werden dazu für jeden Container in einer eigenen Datei aufgelistet. Dieses Regelwerk wird in standardisierter Weise codiert; man spricht hier von „Infrastructure as a Code".

Der Begriff Orchestrierung lehnt sich an die Arbeitsweise eines Orchesters an. In einer Partitur wird das Zusammenspiel für alle Musiker festgelegt. Während in der Musik die Partitur für alle Instrumente zuerst geschrieben wird und anschließend jeder Musiker seinen Auszug bekommt, ist es bei der Software umgekehrt. Das Regelwerk wird für jeden Dienst separat geschrieben.

Die Orchestrierungssoftware lädt die einzelnen Regelwerke und baut daraus ein Gesamtregelwerk – die Partitur – zusammen. Dieses wird anschließend wieder automatisiert auf die einzelnen Infrastruktur-Komponenten aufgeteilt. So sammelt die Orchestrierung beispielsweise die Regeln der verschiedenen Dienste für den Internetzugang. In der Summe ergibt dies das Regelwerk für die Firewall, die den Zugang zum Internet kontrolliert.

Die gängigste Orchestrierungssoftware ist Kubernetes (aus dem Griechischen für Steuermann) und wurde von Google für ihre Rechenzentren entwickelt. Google spendete den Softwarecode von Kubernetes der Cloud Native Computing Foundation (CNCF), eine Industrievereinigung, die Open Source Produkte für Cloud Computing weiterentwickelt und integriert.

Der standardisierte Rahmen für Software durch die Container-Technologie und die regelbasierte Orchestrierung vereinfacht das Deployment (Installation) der Software. Nicht nur das Deployment von Software wird durch die Standardisierung und Automatisierung entscheidend vereinfacht, sondern auch der gesamte IT-Betrieb. Container können durch die Orchestrierungssoftware ereignisabhängig gesteuert werden.

....

Normierung der Hardware-Container

Das klassische Rechenzentrum steht auf dem Unternehmensgelände in einem schwer zugänglichem Gebäude. Die eigene IT-Mannschaft stellt die IT-Systeme auf und installiert sie mühselig.

Da die einzelnen Hardware-Komponenten immer stärker standardisiert werden, ermöglicht dies die Vorfertigung des Rechenzentrums. Ähnlich wie bei einem Fertighaus wird das Rechenzentrum komplett aufgebaut und in einem Container betriebsfertig angeliefert. Dieser Container ist tatsächlich von der Art, wie er auf Schiffen zum Einsatz kommt. Sie werden aufgestellt, an die Energieversorgung angeschlossen und sind umgehend einsatzbereit. So kommt es, dass in einem Container-Rechenzentrum die Software-Container laufen.

....

Nimmt die Last zu – da möglicherweise viele Benutzer auf die Software zugrei-
fen – startet die Orchestrierung den betroffenen Container einfach mehrfach.
Stürzt ein Container ab, wird er gelöscht und ein neuer gestartet. Dies erfolgt
vollständig automatisch. Die Umsetzung basiert allein auf den Regeln der Orchestrierungssoftware selbst und den für die Anwendung jeweiligen Regeln.
Software steuert Software, die IT automatisiert sich selbst.

Es ist ebenfalls einfach, im laufenden Betrieb ein Update einzuspielen. Die
neue Version wird deployed (installiert), gestartet und die alten Container ge-
stoppt. So wird ein fließender Übergang, ohne Ausfallzeit (Downtime), erreicht.
Es ist sogar möglich, verschiedene Versionen parallel zu betreiben, etwa um
die neue Version einer Software zunächst bei einem kleinen Teil der Kunden
zu testen. Umgekehrt kann bei Problemen mit einer neuen Version auf die
vorhergehende Version zurückgestellt werden, der sogenannte Rollback.

Der Schlüssel dazu sind die Standards für die Virtualisierung von Software in
Container sowie die standardisierte Orchestrierung der dabei entstandenen
Software-Container. Erst durch diese Standards wird der erforderliche Skalen-
effekt geschaffen, der die aufwendige Software-Entwicklung für die Automatisierung des IT-Betriebs lohnenswert macht.

Die Technologie für ein vollautomatisiertes virtuelles Rechenzentrum, das jederzeit in einer Cloud irgendwo in der Welt laufen kann, ist vorhanden. Hierbei ist es nachrangig, ob die automatisierte Cloud im eigenen Rechenzentrum
steht oder bei einem externen Dienstleister, denn es geht vor allem darum, die
entsprechenden Technologien zu nutzen.

Ein Rechenzentrum kann auf diese Weise jederzeit, überall und in kürzester
Zeit betriebsbereit aufgebaut oder verlagert werden. Allerdings sind zunächst
organisatorische und vertragliche Regelungen zu treffen.

Das automatisierte Unternehmen

Die Automatisierung von IT-Prozessen hin zum automatisierten Rechenzentrum kann grundsätzlich auf alle digitalen Prozesse eines Unternehmens angewendet werden. Heute ist diese Automatisierung von Unternehmensprozessen oft nicht möglich, da die Umsetzung zu aufwendig oder zu komplex wäre.

Doch die Angebote werden immer besser, um die Erstellung von Software deutlich zu vereinfachen: Zunehmend werden Funktionen und Prozesse als Service fertig aus der Cloud angeboten. Diese können je nach Bedarf für eigene Prozesse verwendet werden, so dass nur ein Bruchteil der gesamten Software selbst entwickelt werden muss. Der Hauptaufwand besteht dann darin, die verschiedenen Services zu integrieren.

Die Nutzung dieser Services ist zwar kostenpflichtig. Jedoch kostet die Eigenentwicklung nicht nur Geld, sondern vor allem auch Zeit. Damit läuft man Gefahr, dass andere Unternehmen schneller am Markt sind.

Auch ermöglicht der Einsatz fertiger Softwareteile von Dritten, deutlich flexibler zu agieren, so etwa die Software wieder auszubauen oder durch bessere Angebote zu ersetzen. Wer will schon nach wenigen Monaten Einsatz eine Eigenentwicklung aufgrund der Marktdynamik ausrangieren?

Mit Mitteln der Künstlichen Intelligenz (KI) können auch anspruchsvollere Sachverhalte, die bislang allein den geistigen Fähigkeiten des Menschen vorbehalten waren, automatisiert werden.

Anything-as-a-Service

Unternehmensfunktionen wie IT-Rechenzentrum und IT-Anwendungen, aber auch Personal oder Marketing können als digitale Dienste zur Verfügung gestellt werden. Sie ermöglichen die schnelle Nutzung von Unternehmensfunktionen als Dienstleistung. Die verschiedenen Dienste werden digital als sogenannter „as-a-Service" angeboten.

☆ **Infrastructure-as-a-Service (IaaS)** stellt IT-Infrastruktur wie Rechner, Speicher, Netzwerke und Betriebssysteme nach Bedarf zur Verfügung, häufig als flexibles und skalierbares Angebot in einer Cloud.

☆ **Software-as-a-Service (SaaS)** stellt fertige Softwarepakete wie SAP oder Office als Dienst in der Cloud zur Verfügung. Sie können meist über einen Web-Browser genutzt werden. IaaS stellt dabei den technischen Unterbau.

☆ **Platform-as-a-Service (PaaS)** ist für all die Unternehmen gedacht, die Software selbst entwickeln. Die Plattform stellt neben der Infrastruktur (IaaS) auch Entwicklungswerkzeuge und vor allem die Instrumente für den Betrieb der entwickelten Software bereit. Die PaaS wäre als DevOps-as-a-Service besser benannt. Denn der Begriff Plattform-aaS müsste eigentlich für alle aaS-Angebote gelten, da alle Plattformen verschiedener Arten sind.

☆ **Function-as-a-Service (FaaS)** wendet das PaaS-Prinzip noch konsequenter an, so dass sich ein Unternehmen nicht einmal mehr um den Betrieb kümmern muss. Daher spricht man auch von Serverless Computing; dies bedeutet allerdings nicht, dass man ohne Server arbeitet, sondern lediglich, dass sich der Anbieter um die gesamte Technik kümmert und ein Unternehmen sich ganz auf die Entwicklung bzw. Integration der Funktionalität konzentrieren kann.

Immer mehr aaS-Dienste werden angeboten, etwa Security-aaS, Desktop-aaS, Compliance-aaS und sogar Humans-aaS. Sie alle eint das Prinzip, eine Aufgabe als Dienst im Internet bereitzustellen. Anything-aaS wird in Anlehnung an die Variable x als XaaS abgekürzt.

Es ist nur eine Frage der Zeit, bis zahlreiche Unternehmensprozesse, als Unterbau für das ganze Unternehmen, in Teilen oder vollständig automatisiert werden. Durch diese Automatisierung werden Unternehmen zum einen massiv beschleunigt und können zum anderen wirklich agil agieren.

☆ **Make or Buy ist Vergangenheit. Die Zukunft ist Make and Buy.**

Aus diesem Grund basiert agiles Arbeiten auf einem hohen Maß an Automatisierung. Dies verschafft einem Unternehmen die notwendige Basis, um dem Kunden gegenüber mit großer Leichtigkeit einen perfekten Service bieten zu können.

Automatisierung ist dafür ein gängiges Mittel; in der Antike war dies bereits bekannt und seit den Webmaschinen vor 200 Jahren gilt die Automatisierung als ein wichtiger Baustein in der Industrialisierung. Mit der Digitalisierung erreicht die Automatisierung jetzt auch die Unternehmensbereiche, welche für analoge mechanische Automatisierung nicht zugänglich sind.

☆ **Agilität setzt Automatisierung voraus.**

ZUSAMMENFASSUNG Kapitel 2

- ☆ Automatisierung ist die Grundlage für Agilität.
- ☆ Der Schlüssel für Agilität in der Softwareentwicklung ist die Automatisierung, insbesondere die Testautomatisierung.
- ☆ Standards schaffen Skaleneffekte.
- ☆ Monitoring und Trendvorhersage holen die Zukunft in die hochgradig agile Organisation.
- ☆ Das automatisierte Rechenzentrum ist die Blaupause für die Automatisierung in den Unternehmen.

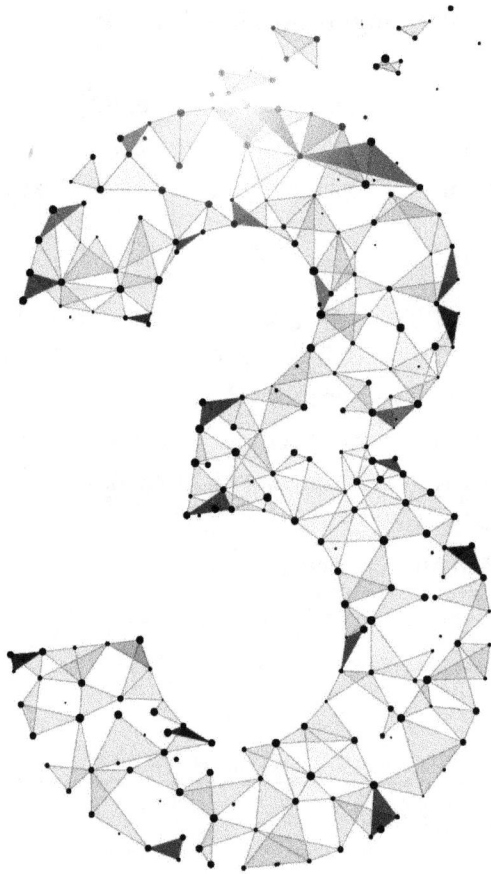

DISRUPTIVE
INNOVATION

Disruptive Innovation

Seit den Anfängen der Informationstechnologie um das Jahr 1940 ist die Digitalisierung und der technische Fortschritt treibende Kraft für Veränderung. Immer schnellere Rechner, immer größere Speicher, immer kleinere und überall verfügbare Systeme durchdringen nicht nur alle Unternehmensbereiche, sondern nehmen auch vermehrt Einfluss auf unser tägliches Leben.

Durch den ständigen technologischen Fortschritt werden immer neue Anwendungen möglich, und bestehende Strukturen verändern sich manchmal dramatisch. Die Revolution ist beständiger Begleiter der IT.

Bereits der Wirtschaftswissenschaftler Joseph Schumpeter schrieb 1942 von der schöpferischen Zerstörung. Der Wirtschaftshistoriker Thomas Samuel Kuhn erklärte 1962 wissenschaftliche Revolutionen durch einen Paradigmenwechsel – wie ihn beispielsweise die Relativitätstheorie darstellt.

Durch Automatisierung und Agilität ist ein Unternehmen in der Lage, rasch auf Veränderungen zu reagieren. Innovative Unternehmen können darüber hinaus die Veränderungen im Markt selbst erzeugen oder gar neue Märkte entwickeln. Das Ziel ist es, selbst zum Treiber zu werden, selbst die aktive Rolle einzunehmen und dadurch die Führerschaft zu übernehmen.

Innovation ist die Flucht nach vorne, die Flucht vor dem Wettbewerb. Wettbewerb führt zu fallenden Preisen und damit zu sinkenden Gewinnen. Wer im Wettbewerb steht, investiert in Effizienz und optimiert die Produkte durch kontinuierliche Verbesserung. Damit soll die eigene Position im Wettbewerb gestärkt werden.

Innovation ist der legale Versuch, ein Monopol zu erschaffen und Monopol-gewinne zu erzielen. Ist ein Unternehmen dazu in der Lage, eine prägende Innovation zu entwickeln, kann es am Wettbewerb vorbeiziehen. Es ist viel angenehmer, alleine in einem neuen Markt erfolgreich zu sein, als im harten Wettbewerb mit sinkenden Margen agieren zu müssen.

Durch das Internet ist Software bei sehr niedrigen Transaktionskosten global verfügbar. Wer mit einer Innovation am Markt ist, gewinnt durch Netzwerk-effekte den ganzen Markt. Bei positiven Netzwerkeffekten steigt der Nutzen mit der Zahl der Teilnehmer; ab einem gewissen Punkt vermag kaum mehr ein Wettbewerber gegen diesen Netzwerkeffekt erfolgreich sein.

☆ The Winner Takes It All

Unternehmen wie Google oder Facebook profitieren von diesem Effekt. Mit der Größe wachsen auch die Skaleneffekte, dies bedeutet, dass die Kunden-zahlen und Umsätze stärker wachsen als die Kosten. Dank der Digitalisierung sinken die Grenzkosten und durch die Netzwerkeffekte steigen die Erträge – eine Geldmaschine.

★ Dimension	Klein	Groß
☆ Wer	Einige	Alle
☆ Wo	Lokal	Überall
☆ Wann	Lieferzeit	Sofort
☆ Wie	Kontinuierlich	Ersetzend

Global agieren durch digitale Netzwerkeffekte

Weltweite sofortige Verfügbarkeit für jedermann plus niedrige Transaktions-kosten lassen das Internet zum ‚Schmiermittel‘ für globale Monopole werden.

Ein einzelnes Reisebüro erreicht ein kleines, lokales Publikum. Es kann sich stetig verbessern, indem es größere Räumlichkeiten anmietet und einige zu-sätzliche Mitarbeiter anstellt. Ein digitales Reisebüro ist dagegen sofort welt-weit verfügbar.

Allerdings kann es für ein Start-up durchaus Sinn machen, zunächst eine kleine, aber wirkungsvolle Zielgruppe zu bedienen. Dementsprechend startete eBay mit Gebrauchtwaren von Privatpersonen und Paypal konnte dank der Powerseller durchstarten.

Die Frage ist, wie ein Unternehmen neben der agilen Organisation auch zu einer innovativen Organisation strukturiert werden kann, die revolutionäre Veränderungen aktiv finden und umsetzen kann.

Die Ökonomie von Superstars

Der Ökonomie-Professor Sherwin Rosen beschrieb 1981, warum sich eine kleine Zahl von Anbietern, gegenüber dem Rest einen großen Vorsprung an Umsatz und Gewinn verschafft. Jeder will den Besten und gibt sich ungern mit dem Zweitbesten zufrieden. Der Effekt verstärkt sich, wenn der Anbieter zusätzlich noch Skaleneffekte bei niedrigen Grenzkosten für Produktion und Vertrieb nutzen kann. Deshalb steigt beispielhaft das Einkommen von Superstars in populären Sportarten überproportional zu dem Einkommen anderer Sportler. Die Stars verfügen über besonderes Talent; die Produktionskosten je Spiel sind konstant, und über die Medien besteht ein leicht skalierbar Vertriebsweg.

Die Idee der Transaktionskosten

Warum gibt es überhaupt Unternehmen? Warum wird beispielsweise eine Stelle mit einem Arbeitnehmer besetzt, anstatt die Leistung jedes Mal über den Markt abzurufen?

Die dezentrale Koordination über Märkte und die Nutzung des Preismechanismus kostet Geld. Ein Unternehmen muss Informationen einholen, vergleichen und Verträge abschließen. Es muss mit dem Leistungserbringer einen organisatorischen Rahmen einrichten und ihn für die spezifischen Belange schulen. Ein ökonomischer Leistungsaustausch „Ware gegen Preis" birgt jedes Mal Transaktionskosten. Aus diesem Grund kann es günstiger sein, eine Personalstelle nur alle paar Jahre über die Personalabteilung zu besetzen oder langfristige Lieferverträge abzuschließen, anstatt jedes Mal erneut über den Markt zu gehen.

Ronald Coase erhielt 1991 den Wirtschaftsnobelpreis für seine 1937 veröffentlichte Idee der Transaktionskosten. Interne Transaktionskosten entstehen innerhalb einer Organisation, externe Transaktionskosten beim Austausch von Gütern und Dienstleistungen zwischen mindestens zwei Vertragspartnern. Je niedriger die Transaktionskosten sind, desto eher lassen sich Marktstrukturen realisieren. Die Digitalisierung senkt die Transaktionskosten teilweise dramatisch und beschleunigt so den Wandel und die Entstehung von Märkten.

··

Joseph Alois Schumpeter (1883-1950)

war ein Wirtschaftswissenschaftler und Politiker. In seinem Werk „Kapitalismus, Sozialismus und Demokratie" (1942) formulierte er das Prinzip der schöpferischen Zerstörung. Schon in einem früheren Werk von Schumpeter (1912), und sogar schon bei Karl Marx, wird das Prinzip der Verdrängung des Alten durch Innovation als Wesenszug des Kapitalismus thematisiert.

··

Dadurch werden unternehmensinterne Strukturen durch Marktstrukturen ersetzt, etwa ein internes Rechenzentrum durch die Verlagerung in die Cloud. Marktstrukturen anstelle von betriebsinterner Planwirtschaft erfordern einen höheren Informations- und Kommunikationsaufwand. Neben der Digitalisierung wirken hier auch Standards kostensenkend, wie virtuelle Maschinen und Software-Container. Digitalisierung und Standards führen in vielen Wirtschaftsbereichen zu sinkenden Transaktionskosten. In der Folge müssen sich Organisationen rasch und umfassend verändern.

Es entstehen neue Märkte – disruptive Innovationen.

Treiber Technologie

Der technologische Fortschritt in der Informationstechnologie ist eine beständige Ressource für radikale Innovationen. Ein typisches Beispiel dafür ist Big Data: Die Preise für Speicher sinken beständig, und die Datenbanksysteme beherrschen immer effizienter wachsende Datenmengen. Folglich können immer mehr Daten verwaltet werden, und immer leistungsfähigere Rechenzentren haben die Fähigkeit, auch sehr große Datenbestände schnell auszuwerten. Viel schneller als in der Vergangenheit gelingt es heute, Zusammenhänge herzustellen. Online-Buchhandlungen zeigen bspw. zu einer gesuchten Lektüre auch ähnliche Bücher, welche von anderen Kunden thematisch passend erworben wurden.

Durch Big Data hat die Künstliche Intelligenz (KI) einen neuen Aufschwung erlebt. Nach dem Aufkeimen in den 1980er Jahren war es wieder stiller um die KI geworden. Dank der großen Datenmengen stehen mit KI heute neue Möglichkeiten für das Finden von Sinnzusammenhängen zur Verfügung. Dadurch ist es u. a. möglich, zu erkennen, ob ein Bauteil auszufallen droht und eine Wartung erforderlich ist. Die Optimierung von Prozessen, die Steigerung der individuellen Kundenbedienung, sowie maßgeschneiderte Produkte, lassen sich mit Big Data und KI besser als bisher realisieren.

Darüber hinaus bleibt Big Data die klassische Aufgabe jeder Datenhaltung: Die notwendigen Daten am erforderlichen Ort, in geforderter Qualität, rechtzeitig bereitzustellen. Nur die Dimensionen haben sich verändert. Alle Bücher der Welt speichern und online jederzeit jedes Buch überall lesen können – wir sind auf dem besten Weg dorthin. Alle Parkplätze der Welt speichern und in Sekundenschnelle den nächsten freien Parkplatz finden – wird bald zur Realität.

Dank Speichertechnologien, die immer größere Datenmengen zu sinkenden Preisen bereitstellen, können auch extrem große Datenmengen wirtschaftlich gespeichert und in hoher Geschwindigkeit verarbeitet werden. Manche Anwendungen wie in den Forschungsdisziplinen der Genetik oder Geologie wurden dadurch erst ermöglicht. Die Methoden von Big Data sind Grundlage, um Daten in Echtzeit auszuwerten und Prognosen zu erstellen.

Daten sind das neue Öl, der Rohstoff des digitalen Zeitalters. Rohdaten werden erst durch die Veredelung wertvoll. Die Information aus den Daten zu gewinnen, also die Semantik (Bedeutung der Daten) und Pragmatik (Kontext der Daten) zu verstehen, ist eine Schlüsselqualifikation für die Ökonomie der Daten. Eine wichtige Hilfe dazu sind mathematische Verfahren und Künstliche Intelligenz. Große Datenmengen in Verbindung mit Künstlicher Intelligenz führen zu einer neuen Dimension der Expertise.

Die Grundlage für die permanente Revolution in der IT sind Trends, die seit Anbeginn der IT wirken:

☆   Die Leistungsfähigkeit der Systeme nimmt ständig zu, sowohl in der Geschwindigkeit als auch im Speichervermögen.
☆   Jedes Bauteil eines Computers wird immer kleiner und leistungsfähiger und dadurch auch immer mobiler.
☆   Die Kosten der Bauteile sinken, bei gleichzeitiger Zunahme der Leistung.
☆   Grenz- und Transaktionskosten sinken durch Digitalisierung drastisch.
☆   Die IT durchdringt schrittweise alle Bereiche.

In der Vergangenheit spielte vor allem die Zunahme der Prozessorgeschwindigkeit eine Rolle. Nach dem berühmten Mooreschen Gesetz verdoppelte sich diese alle 18 Monate. Heute spielt, dank der Virtualisierung und dezentraler IT-Architekturen, die Leistung eines einzelnen Prozessors für die serverbasierte IT keine entscheidende Rolle mehr. Die IT wandert zunehmend in die Cloud, bei praktisch unbegrenzten IT-Ressourcen. Für Mobilgeräte, industrielle Steuergeräte und andere digitale Geräte spielt die Leistung wiederum sehr wohl noch eine Rolle, insbesondere in Verbindung mit dem Energieverbrauch.

Ähnlich wächst die Leistungsfähigkeit der Datenübertragung. Auch die Speicherkapazitäten und in der Folge davon die Zunahme der Menge an gespeicherten Daten, verdoppeln sich etwa alle zwei Jahre. Diese Wachstumskurven sind exponentiell und nicht nur linear!

Mooresches Gesetz

Gordon Moore ist Mitgründer der Firma Intel. 1965 formulierte er das nach ihm benannte ,Gesetz': Moore erkannte die Faustregel, dass sich alle 12 bis 24 Monate die Zahl der Transistoren pro Flächeneinheit verdoppelt, etwa alle 18 Monate also. Analog stieg die Prozessorleistung. Bis 2016 war ,Moore's Law' auch Planungsgrundlage der Halbleiter-Industrie und erfüllte sich auf diese Weise selbst.

Die Gesundheitsvorhersage

Das medizinische Wissen verdoppelt sich etwa alle 2–3 Jahre. Leistungsfähige IT-Systeme sind in der Lage, Millionen von medizinischen Fachbüchern, Aufsätzen und Fallbeschreibungen auszuwerten und inhaltlich zu erschließen. Weiterhin werden die biologischen, biomechanischen, biochemischen und psychologischen Prozesse digital simuliert. Die Menschen sind in der Lage, immer größere Mengen an Daten über sich selbst zu erfassen. Der digitale Zwilling eines Menschen kennt die Krankenakte, ja den gesamten biologischen Verlauf eines Menschen. Der Mensch kann eine digitale Kopie seines Körpers erstellen, ein digitales Ebenbild. Ähnliche Krankengeschichten lassen sich vergleichen und die erfolgreichste Behandlung kann herausdestilliert und in Millionen Varianten digital getestet werden.

Eine Person kann analog dem Monitoring eines IT-Systems ihren Gesundheitszustand fortlaufend überwachen. Die schiere Masse schafft eine neue Qualität der Befunderhebung und Diagnosestellung. Nach der Wettervorhersage kommt nun die Gesundheitsvorhersage.

Kunde statt Händler

Die Händlernetze – etwa der Automobilhersteller – sind umfangreich und verfügen häufig über eine starke Stellung. In der Vergangenheit produzierten die
Hersteller die Fahrzeuge, übergaben sie den Händlern, und damit galt der Auftrag für die Autobauer als erledigt.

Der Kunde tritt heute allerdings immer häufiger in den direkten Kontakt zum
Hersteller. Das beginnt bereits mit einem Konto auf der Homepage, um per
digitalem Fahrzeug-Konfigurator einen Neuwagen zu bestellen; und dies setzt
sich nach dem Kauf mit Car-Connect-Diensten fort, um Fahrzeug und Nutzer
weiterhin unmittelbar mit dem Hersteller zu verbinden.

Selbst die Auslieferung übernimmt der Hersteller zunehmend selbst: Aus einer
simplen Vertragshandlung wird dabei ein facettenreicher Erlebnistag gestaltet
– so zum Beispiel in der BMW Welt München.

Dem spezialisierten Händler bliebe noch die Fahrzeugwartung. Je leistungsstärker die Selbstanalysefähigkeit von Fahrzeugen wird und je besser die
Unterstützung der Wartung durch künstliche Intelligenz gewährleistet ist, desto eher kann auch diese Aufgabe von jeder beliebigen Werkstatt oder Fahr-
zeughaltern selbst übernommen werden.

Die Buchhändler waren die ersten, die zu spüren bekamen, wie durch digitale
Shops von Amazon & Co. zunächst ihre Funktion als Vermittler zunehmend
entbehrlich wurde und später das Produkt als eBook ganz in der digitalen Welt
verschwand. Die Entwicklung betrifft jedoch nicht nur Buchhändler und Auto-
händler, sondern bedroht im Grundsatz den ganzen stationären Handel. Ein

einzelner selbstständige Händler hat gegen die Kompetenz und Finanzkraft eines Konzerns kaum Chancen, sich zu behaupten. Die hohen Mieten in zentralen Lagen belasten Händler zusätzlich. Händler sind nicht mehr der einzige Zugang zur Ware und nicht immer der Beste.

Selbst wenn ein Hersteller sein Händlernetz pflegen und erhalten möchte, so wird er dennoch aus Wettbewerbsgründen den direkten Kanal zum Kunden aufbauen müssen. Der Wert eines Händlernetzes sinkt zwangsläufig. Die Kosten für das Händlernetz müssen in die digitalen Kanäle verlagert werden. Die Hersteller selbst sind gegenüber Plattformen mit ihrer großen Angebotsfülle in einer unterlegenen Position.

B2C statt B2B

Das direkte Geschäft mit dem Kunden (Business to Customer, B2C), anstelle der Geschäftsabwicklung über den Handel (Business to Business, B2B), bedingt kundenorientierte Kommunikationswege:

☆ **End-to-End Communication:** Der Zwischenhandel ist nicht mehr erforderlich. Das Unternehmen kann direkt mit den Kunden kommunizieren und die Produkte im Webshop verkaufen.

☆ **Omnichannel:** Die kanalübergreifende Kommunikation mit den Kunden, unabhängig davon ob diese persönlich, über das Produkt, ein Portal oder eine App, online oder offline, erfolgt.

☆ **One-Stop-Shop:** Die Transaktion eines Geschäfts kann an jeder Kontaktstelle, dem sogenannten Touchpoint, durch- und weitergeführt werden.

Wer wird schneller beim Kunden sein und das bessere Produkt zum günstigeren Preis bieten? Der Lieferservice vom Ladengeschäft, die Drohne eines Online-Dienstes oder ein 3D-Drucker beim Kunden?

Die Welt als Plattform

Ein Unternehmen wie Facebook ist kein Hersteller, sondern stellt lediglich eine Plattform zur Verfügung. Den Inhalt liefern die Kunden selbst. Ganz ähnlich agiert Youtube. Die Artikel von Wikipedia werden von ehrenamtlichen Autoren geschrieben. Der Prosumer, Produzent und Consumer in einer Person, wurde schon 1980 von Alvin Toffler vorhergesagt. Heute ist dieser zur Realität geworden. Die Trennung von Produzent und Konsument, von Angebot und Nachfrage, hat laut Toffler die Marktwirtschaft geschaffen. In der Informationsgesellschaft werden Produzent und Konsument zum Prosumer wieder vereint.

....

Alvin Toffler

war ein US-amerikanischer Futurologe. In seinem Buch „Die dritte Welle – Zukunftschance" (1980) beschrieb er den Prosumer als Vereinigung von Produzent und Konsument. Was Toffler als Prosumer bezeichnete, ist heute die Crowd, die sich beispielsweise über Crowdfunding an der Entwicklung neuer Produkte beteiligt.

....

Kundenorientierung verlangt eine intensive Zusammenarbeit mit den Kunden, doch ist dies personalintensiv und folglich teuer. Ein bekannter Ausweg aus diesem Dilemma ist die Selbstbedienung. Statt der Auftragserfassung im Unternehmen wird der Auftrag vom Kunden erfasst. Statt an einem Kassenschalter bedient zu werden, bedient sich der Bankkunde am Geldautomaten selbst. Statt dem Tankwart füllt der Kunde selbst das Benzin in den Tank seines Fahrzeugs. Der Kunde, so Toffler, wird sein eigener Dienstleister, sein eigener Produzent.

Plattformen sind die digitale Form von Großhändlern, Jahrmärkten und Messen. Die digitale Version ist aber nicht lokal, sondern weltweit verfügbar. Sofort, überall und für jeden.

Amazon entwickelte sich vom reinen eCommerce-Anbieter zum Betreiber einer Plattform für eCommerce, der – gewissermaßen nebenbei – seine Plattform für eigene Angebote nutzt. Amazon bietet anderen Händlern nicht nur die Plattform an, sondern liefert mit eigenen Apps, Tablets und anderen Geräten ein passendes Umfeld dafür, ein sogenanntes Ökosystem.

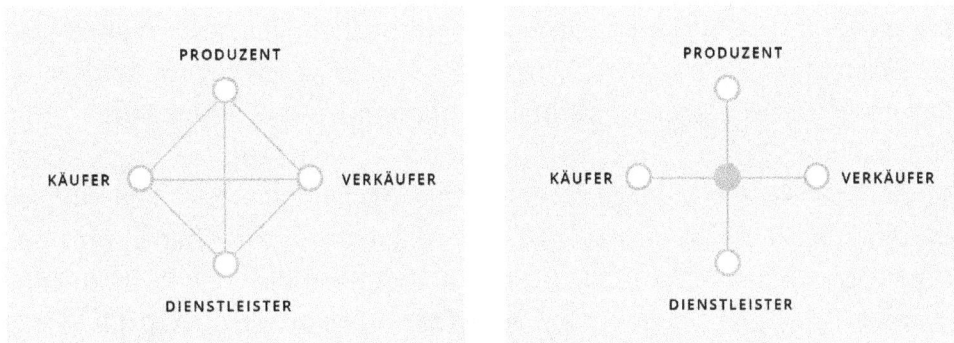

Ein großer Vorteil einer Plattform (rechts) ist die massiv vereinfachte Kommunikation. Jeder neue Teilnehmer erfordert nur eine neue Kommunikationsverbindung, während bei einem Punkt-zu-Punkt Netzwerke (links) jeder Teilnehmer mit jedem verbunden werden muss.

2006 öffnete Amazon seine IT-Infrastruktur als Dienstleistung für andere Unternehmen. Amazon hatte erkannt, dass die Fähigkeit der eigenen IT, eine große Zahl von Transaktionen ultra-skalierbar bereitzustellen, auch für andere Unternehmen interessant ist. Amazon Web Services (AWS) ist heute der größte Cloud-Anbieter der Welt.

Für Musik und Filme haben sich einige Plattformen etabliert, u. a. von Apple, Amazon und Google, aber auch Spezialanbieter wie Spotify oder Deezer. Was als Online-Shop für CDs und DVDs begann, wurde später eine Download-Plattform und ist heute ein Streamingdienst.

Mustergültig hat sich Apple vom reinen Gerätehersteller zum Anbieter gleich verschiedener Plattformen entwickelt. Revolutionär war der App Store für Smartphones. Und die Musikindustrie konnte von Apple lernen, wie man das eigene Geschäft ins digitale Zeitalter rettet. Neben dem iPhone und iTunes liefert Apple auch Kopfhörer und Lautsprecher dazu.

Das Gegenstück sind offene Systeme. Der PC ist ein solches offenes System. Ein PC kann über standardisierte Steckplätze modular erweitert werden. Bei offener Software wird der Quellcode als Open Source zur Verfügung gestellt.

Plattformen sind häufig eine Mischung aus Offenheit und Geschlossenheit. Ein gewisses Maß an Offenheit müssen sie bieten, damit die Plattform überhaupt zum Austausch zwischen den Teilnehmern genutzt werden kann. Doch meist wird die Offenheit genau auf das dafür erforderliche Maß beschränkt.

Da die Grenzkosten im Digitalbusiness niedrig bis nahe Null sind, können Angebote beliebig weit ausgedehnt werden. Digitale Bücher haben praktisch keine Lagerkosten, so dass ein Online-Buchladen mit digitalen Büchern ohne Probleme jedes mögliche Buch anbieten kann: Alles sofort, überall, für jeden.

Eine reale Buchhandlung um die Ecke muss sich dagegen auf die Bestseller konzentrieren; sie kann vielleicht noch den einen oder anderen Spezialbereich anbieten, aber der Großteil aller Bücher ist nicht vorrätig. Nach dem ABC-Prinzip ist nur die A-Ware in der Auslage, da sie den meisten Umsatz macht. C-Ware benötigt den meisten Platz, bringt aber kaum Ertrag und wird somit ausgelistet. B-Ware bewegt sich irgendwo dazwischen. Für C-Ware muss der Kunden zweimal in die Buchhandlung gehen, einmal für die Bestellung und einmal für die Abholung.

Die Online-Buchhandlung kann auf das Prinzip „Kleinvieh macht auch Mist" setzen und so die Auswahl maximieren. Sie bietet alle Bücher an, also auch C-Ware. Ergänzend bietet sie die Druck-Ausgaben als Versandware an. Kunden wissen, dass sie nie umsonst kommen, sondern immer fündig werden, unabhängig davon, was sie suchen. Virtuelle Bücherregale haben keine Begrenzung.

Mandantenfähigkeit

Wer die gesamte IT mandantenfähig gestaltet, kann weitere Marken oder Tochterunternehmen auf der gleichen Plattform aufbauen. Auch kann die eigene Infrastruktur anderen Unternehmen als Dienstleistung angeboten werden. Ist dies ein Wettbewerber, so spricht man von Coopetition (Cooperation und Competition).

Walled Garden

Als „ummauerter Garten" bezeichnet man geschlossene Welten. Apple hat dieses Prinzip perfektioniert. Amazon geht einen ähnlichen Weg, allerdings mit niedrigen Gerätepreisen und verdient dafür an den Inhalten. Apple hält dagegen die Gerätepreise hoch und liefert Inhalte, um den Geräteverkauf anzukurbeln. Die Nutzer akzeptieren diese Vorgehensweise aus Bequemlichkeit, und die Anbieter tun alles dafür, dass es so bequem wie möglich ist. Nicht nur die Endkunden sind in dem System gefangen, sondern auch Dritte, etwa Hersteller und Werbetreibende. Sie können zwar Daten und Kunden liefern, müssen aber selbst für Daten über ihre Kunden bezahlen und bekommen keine Schnittstellen, um die Daten aus dem System zu exportieren.

Wege zum Plattformanbieter

Es gibt zwei typische Muster für den Weg zum Plattform-Anbieter:

☆ **Start-up:** Das Start-up verzichtet zunächst auf eine eigene Infrastruktur und bietet allein die Vermittlung an. Erst im Laufe der Zeit werden Teile der Wertschöpfung selbst übernommen.
☆ **Establishment:** Wer bereits ein etabliertes Unternehmen mit eigener Infrastruktur ist, bietet diese Infrastruktur auch Dritten an, wie beispielsweise Amazon Web Services.

In jedem Fall ist eine Plattform als eigenes Geschäftsfeld aufzubauen.

Fertigungstiefe

Die Fertigungstiefe ist der Grad der Produktion in Eigenregie, maximal 100 %, oder durch Zukauf bei Lieferanten bis zu 0 % Fertigungstiefe.

☆ Der klassische Weg bedeutet, dass ein Unternehmen zunächst alles selbst produziert, anschließend das Produkt modularisiert und die Komponenten standardisiert, so dass immer mehr Teile an Lieferanten abgegeben werden können. Sowohl die Automobilindustrie als auch die PC-Industrie sind diesen Weg gegangen.

☆ Neue digitale Plattformen arbeiten genau umgekehrt. Sie verzichten zunächst auf jegliche, eigene Produktion und integrieren vielmehr die Marktteilnehmer. Sie lassen andere für sich arbeiten. Erst in einer späteren Phase werden unter Umständen Teile der Wertschöpfung erobert. Der Plattformeigentümer weiß schließlich, welches Produkt, welche Route oder welcher Kunde den größten Gewinn bietet.

Grenzkosten

Grenzkosten sind die Zusatzkosten für die Herstellung einer zusätzlichen Mengeneinheit eines Produkts. In der digitalen Welt tendieren diese gegen Null, da eine weitere Kopie sehr einfach herzustellen ist. Im einfachsten Fall bedeutet dies das Kopieren einer Datei. Die Entwicklungskosten und andere Vorleistungen werden bei den Grenzkosten nicht berücksichtigt.

Der Ökonom Jeremy Rifkin hat in seinem Buch „Die Null Grenzkosten Gesellschaft" (2014) die Frage gestellt, was passiert, wenn sich durch Digitalisierung und Wettbewerb die Preise Richtung Null entwickeln. Kapitalismus basiere auf Knappheit, daher hätten Güter und Dienstleistungen einen Preis. Für den Fall, dass Überfluss herrscht, insbesondere wenn Software ohne Kosten beliebig vermehrbar ist, dann würden die Güter und Dienste nicht auf einem Tauschwert beruhen, sondern auf ihrem Gebrauchswert.

SHORT HEAD

VERKÄUFE

LONG TAIL

PRODUKTE

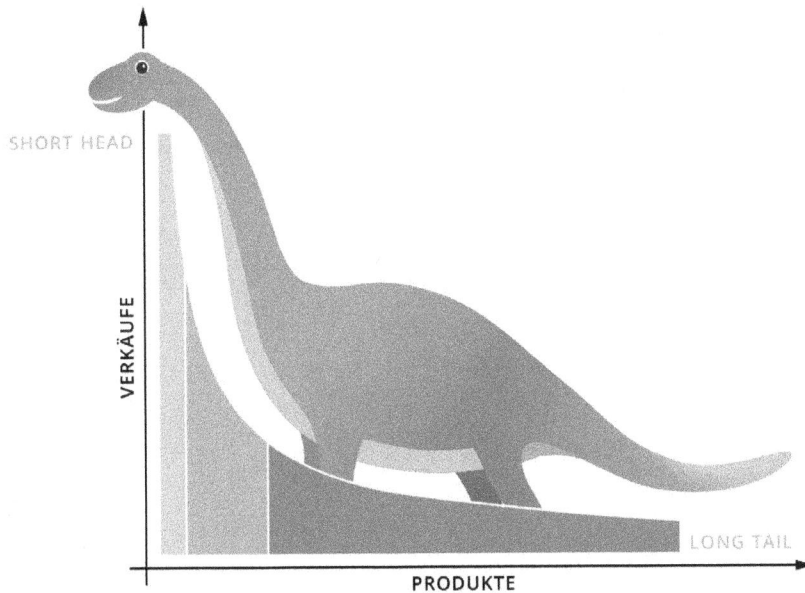

Short Head versus Long Tail

Dieser Effekt wird als „Long Tail" beschrieben, da der C-Bereich einen langen Schwanz (eben Long Tail) zum AB-Block bildet. Nischen-Bücher werden so zum Erfolgsgaranten, allein durch ihre Verfügbarkeit. Das Warenhaus löste einst die Revolution im Einzelhandel mit dem Prinzip „alles unter einem Dach" aus. Amazon & Co. sind die digitale Weiterentwicklung davon.

Long Tail

Den Begriff Long Tail prägte 2004 der Journalist Chris Anderson und meint damit die Nische als Erfolgsprinzip bei Produkten, Kunden, Verkauf und Lieferanten.

Manche Plattformen, die zunächst im Privatbereich starten, werden im Laufe der Zeit mitunter von professionellen Teilnehmern geprägt. Bei eBay sind es die Powerseller, bei Airbnb die Ferienhausketten und auch Uber setzt zunehmend auf Taxi- und Mietwagenunternehmen. Es ist typisch für digitale Dienste, dass sie stets im Fluss sind und sich mit hohem Tempo immer wieder neue Zielgruppen und Geschäftsmöglichkeiten eröffnen, während andere verschwinden. Es ist eine permanente Gratwanderung zwischen Gewinner und Verlierer. Je geringer die Fertigungstiefe, desto leichter fällt die notwendige Flexibilität für diesen raschen Wandel.

Angenommen das Monitoring stellt fest, dass Kunden Produkte nicht mehr so oft kaufen, sondern im Sinne der Sharing Economy lieber teilen. Dann bietet eine solche Plattform neben einer Kaufoption auch Verträge für die gemeinsame Nutzung eines Produkts an. Für eine begrenzte Gruppe – etwa ein Nachbarschaftsauto – kann die Plattform sogar eine Plattform in der Plattform anbieten, etwa die Nachbarschaftsplattform oder die Plattform für ein einzelnes Unternehmen und seinen Fuhrpark.

Produkthersteller arbeiten meist in den klassischen Silos: Entwicklung, Produktion, Vertrieb, Support. Sie kämpfen mit anderen Marktteilnehmern in einem speziellen Markt um die Kunden. Anbieter von Plattformen sind Integratoren. Sie führen verschiedene Gruppen zusammen, und sorgen wie der Dirigent eines Orchesters für reibungslose Interaktion. Plattformen übernehmen die Koordinationsfunktion eines Marktes.

☆ **Plattformen sind nicht Marktteilnehmer, sie sind der Markt.**

Plattformen bieten Kunden und Produzenten einen einfachen Zugang zum jeweiligen Partner. Bestehende Anbieter werden zu Subunternehmern der jeweiligen Plattform. Anfällig sind kleinteilige Märkte, die kompliziert und nicht digital organisiert sind. Das Taxiwesen war so ein Markt – bis Uber kam.

Auch kleine Nischenmärkte können für Plattformen ein lohnendes Ziel werden. TrustYou ist eine Plattform für Hotelbewertungen, die automatische Zusammenfassungen von Rezensionen erstellt – weltweit für alle Hotels. Weiterhin verbindet sie die einzelnen Beurteilungen, soweit möglich, mit der Hotelsoftware und den Gästeprofilen. Das Hotel kann sich somit besser darauf einstellen, worauf ein Gast achtet. Darüber hinaus bietet die Plattform Hotels ein Feedback- und Bewertungssystem zur Einbindung auf deren Homepage an. Neben den Hotels selbst sind Hotelsuchmaschinen Kunden von TrustYou. Auch Google nutzt die Zusammenfassungen für Google Maps. TrustYou ist somit ein Musterbeispiel für einen Plattformanbieter. Die Hotelgäste erstellen die Inhalte, nicht das Unternehmen selbst. Dafür deckt TrustYou den ganzen Zyklus von der Hotelsuche bis zur Abreise ab.

Durch die weltweite Vermarktung entsteht am Ende auch in einem Nischenmarkt wieder ein großer Markt. Eine Plattform übernimmt die Kundschaft und damit die Herrschaft über einen Markt. Was gestern der Groß- und Zwischenhandel war, ist heute die Plattform-Welt.

ZUSAMMENFASSUNG

☆ Plattformen bieten ein Ökosystem für die Vermittlung von Waren und Diensten auf digitaler Basis.

☆ Plattformen sind der Markt. Sie bilden aus vielen kleinen Märkten einen globalen Markt.

☆ Plattformen sind sofort, überall und für jeden verfügbar.

☆ Plattformen erleben durch Netzwerkeffekte ab einem bestimmten Punkt eine starke Aufwärtsdynamik und können Skalierungsgewinne verbuchen.

☆ Plattformen können auch von anderen Marktteilnehmern für ihre Angebote genutzt werden, sowohl von Lieferanten und Wettbewerbern als auch von den Kunden selbst – den Prosumern.

☆ Plattformen orientieren sich an den Bedürfnissen und dem Verhalten der Menschen in ihrem Alltag, dem Kundenerlebnis. Hürden werden beseitigt. Plattformen sind radikal einfach.

☆ Plattformanbieter sind flexibel, um ihr Geschäftsmodell ständig verändern und erweitern zu können.

☆ **Die größte Plattform der Welt ist das Internet.**

Marktforschung live

Die Sondierung der Märkte und des Kundenverhaltens wird immer feiner und erfolgt zunehmend in Echtzeit. Versuch und Irrtum findet nicht mehr im Labor statt, sondern live.

Mit dem automatisierten Rechenzentrum lassen sich neue Softwareversionen vorab bei einem kleinen Teil der Benutzer testen. Dieses Verfahren nennt sich Canary Test. Im Bergbau nahmen die Bergleute Kanarienvögel mit. Hörten die Vögel mit dem Singen auf, galt dies als Früherkennung für Kohlenstoffmonoxid im Bau.

Als „Kanarienvögel" der digitalen Marktforschung dient heute eine kleine Teilgruppe an Nutzern, die man im Live-Betrieb eine neue Version der Software vorab nutzen lässt. Über das Monitoring kann anschließend geprüft werden, ob diese Version noch Probleme verursacht.

Das Verfahren lässt sich auch für A/B-Tests verwenden, etwa um zu prüfen, welche Shopversion bessere Umsätze erzielt. A/B-Tests werden bei Huffington Post beispielsweise für Schlagzeilen und Beiträge eingesetzt: Welche Schlagzeile kommt beim gleichen Beitrag besser an? Welche Schlagzeile wird besser von der Suchmaschine gefunden? Wie muss ein Beitrag geschrieben werden, damit der Leser länger verweilt?

Neben Methoden, um ein Problem zu analysieren, gibt es auch Verfahren, um Lösungen zu testen. Es lassen sich Testreihen gestalten, Prototypen erproben und minimal funktionierende Produkte (Minimum Viable Product – MVP) im Markt weiterentwickeln.

Derartige Verfahren bilden einen Rahmen, um beständig zu überprüfen, wie eine Neuerung wirkt. Denn darum geht es: Ein Unternehmen strukturell so zu transformieren, dass solche Tests nicht die Ausnahme bilden, sondern als feste Regel in den Strukturen verankert sind. Das digitale Testen wird somit zur automatisierten und steten Marktforschung, die als dauerhafter Bestandteil in den Entwicklungs- und Produktionsprozessen integriert ist.

Lean Start-up

Jedes Start-up ist eine Hypothese über den Erfolg am Markt. Statt stur Geschäftspläne abzuarbeiten und gegebenenfalls zu scheitern, soll ein Lean Start-up schnell und schlank starten. Das Ergebnis wird ständig gemessen und die weitere Entwicklung je nach Resultat auch schnell korrigiert. Investor Steve Blank und sein Partner Eric Ries haben diese Vorgehensweise als „Lean Start-up-Methode" in Anlehnung an „Lean Production" entwickelt. Kern der Methode sind kurze Zykluszeiten mit vielen Iterationen, um Dinge zu bauen, zu messen und daraus zu lernen.

Durch den Kreislauf von Entwicklung und validiertem Lernen sowie die Integration von Forschen und Lernen in die tägliche Arbeit erfolgt eine systemimmanente Steuerung des Unternehmens. Solche Regelungsprozesse waren unter dem Schlagwort „Kybernetik" (Norbert Wiener, 1947) schon in den Anfängen der IT ein großes Thema.

Smart Lot: Losgröße kleiner 1

Ein BMW-Fahrer kann das Fahrzeug mit dem Fahrerlebnisschalter wahlweise in den Sport- oder Komfortmodus schalten. Je nach Modus werden Fahrwerk, Lenkung, Motor und Getriebe angepasst. Man bekommt quasi eine Limousine und einen Sportwagen in einem einzigen Fahrzeug: Zwei Geräte in einem.

Losgröße 1 besagt, dass jedes Produkt einzeln, sprich individuell, gefertigt wird. Bei zwei Geräten in einem entspricht das rechnerisch einer Losgröße von 0,5. Mit einem zusätzlichen Sparmodus sowie einem Rennmodus sind es schon vier Fahrzeuge in einem, also Losgröße 0,25. Selbst nach Auslieferung können dem Fahrzeug bei einem Update der Software nachträglich weitere Modi „eingebaut" werden.

Legendär ist die Präsentation des ersten iPhones von Steve Jobs im Jahr 2007. Er kündigte drei revolutionäre Produkte an:

- ☆ Widescreen iPod with touch controls
- ☆ Revolutionary mobile phone
- ☆ Breakthrough Internet communicator

Zu guter Letzt löste Steve Jobs auf: "These are not three separated devices. This is one device." Es handelt sich hierbei nicht um drei separate Geräte; es sind die Funktionen von drei verschiedenen Geräten in einem vereint.

Software verändert Hardware, sie hat das Potential, ein Gerät in Millionen verschiedenen Formen zu nutzen. Jede einzelne Einstellungsmöglichkeit bietet zahlreiche Varianten. In der Kombination mit anderen Konfigurationsparametern vervielfachen sich diese Möglichkeiten ins Unermessliche und die Losgröße wird extrem klein: 0,0000...1. Ein Smartphone, das mit verschiedensten Apps und zahlreichen Einstellungsoptionen unterschiedlichste Nutzungsmöglichkeiten bietet, ist längst Selbstverständlichkeit geworden.

In Zukunft werden Produkte mit der vollen Hardware-Ausstattung ausgeliefert, soweit das möglich ist. Nach dem Kauf kann je nach Wunsch, zum Beispiel bei einem Fahrzeug, der Parkassistent dazu gebucht werden. Dies kann einmalig erfolgen oder für einen Monat, ein Quartal oder dauerhaft gelten. Das Fahrzeug vermag in einem Geschäftsmodus mit Vollausstattung genutzt werden und in einer Sparvariante für Privatfahrten.

Im Sinne der Sharing Economy können verschiedene Personen dasselbe Fahrzeug in völlig unterschiedlichen Konfigurationen nutzen. Nicht nur die Fahrerposition oder Lieblingsmusik wird individuell eingestellt, sondern auch das Fahrlicht, der Parkassistent und die Motorisierung werden individuell gebucht. Dies kann an die Umgebung, an die eigene Stimmung oder an andere aktuelle Gegebenheiten angepasst werden. Das Fahrzeug ist somit nicht nur individuell konfigurierbar, sondern multi-individuell.

☆ **Das softwaredefinierte Fahrzeug weist eine Losgröße kleiner 1 auf.**

Die Software definiert das Fahrzeug, das Produkt. Das Fahrzeug wird nicht mehr individuell gebaut, sondern bedarfsgesteuert konfiguriert – nach dem Kauf. Die Software macht Hardware flexibel. Die Idee ist die Produktion eines Einheitsfahrzeugs, das in der Nutzung jederzeit flexibilisiert werden kann.

Dadurch ist es möglich, die Produktion wesentlich zu vereinfachen. Die Produktion muss nicht mehr individuelle Fahrzeuge bauen, die Fahrzeuge werden nachträglich individualisiert. Das Fließband in der Produktion kann hochautomatisiert wieder zur ursprünglichen Idee des Fließbands zurückkehren: Die standardisierte Fertigung des immer gleichen Produkts; womit wir auf der Hardwareseite wieder bei einer Losgröße deutlich größer 1 wären. Je stärker das Fahrzeug softwaredefiniert ist, desto weniger muss das einzelne Fahrzeug individualisiert werden. Möglicherweise werden gerade im Fahrzeugbau eines Tages Losgrößen in Dimensionen kommen, wie es sie noch nie gab. Der Fahrzeugbau in China, mit großer Software-Affinität der Kunden und hohen Stückzahlen, wäre dafür prädestiniert.

Wieder zwei Extreme: Zum einen ermöglicht die Software ein außerordentlich variantenreiches Fahrzeug mit Millionen von Konfigurationsmöglichkeiten – Losgröße bedeutend kleiner Eins. Zum anderen kann die Hardware gleichzeitig stark vereinheitlicht werden – die Hardware entspricht somit einer Losgröße deutlich größer Eins. Die Hardware wird wieder zum Massenprodukt.

LOSGRÖSSE

0,000001
LOSGRÖSSE < 1

1

1.000.000
LOSGRÖSSE > 1

SOFTWARE
DEFINIERTES
MASSENPRODUKT

INDUSTRIE 4.0
INDIVIDUALISIERTES
PRODUKT

HARDWARE
DEFINIERTES
MASSENPRODUKT

Smart Lot: Die Losgröße software-definierter Produkte

Lange lief alles auf die Mitte zu: Die Losgröße 1 – das individuell gefertigte Produkt. Die Zukunft liegt nun in der geschickten Verbindung der beiden Extreme: Dem softwaredefinierten Produkt und der massengefertigten Hardware. Beide Seiten korrespondieren miteinander: Je kleiner die Losgröße auf der Softwareseite ist, desto größer kann sie auf der Hardwareseite sein.

Es wird auch weiterhin verschiedene Fahrzeugtypen und Fahrzeuggrößen geben. Jedoch kann alles, was sich nachträglich digital konfigurieren lässt, einheitlich ausgeliefert werden. Es ist vor allem eine Frage der Kalkulation, welche Kosten für den vorbeugenden Einbau entstehen und welche Erlöserwartung besteht.

Wenn die Software das Produkt definiert, dann kann das Produkt wie Software behandelt werden:

☆ Freie Gestaltung und Konfiguration eines Produkts
☆ Vielgestaltige Konfiguration der Nutzung
☆ Updatefähigkeit des Produkts
☆ Fern-Monitoring und Fern-Wartung

Software definierte Produkte und deren Veränderung über die ganze Lebenszeit erfordert nicht nur neue Produktions- und Betriebsverfahren, sondern stellt auch neue Anforderungen, insbesondere an Marketing, Vertrieb, Preisgestaltung und Wartung.

☆ **Software-definierte Produkte verbinden extreme Individualisierung mit maximaler Standardisierung.**

Auf welche Weise kann die gestiegene Komplexität des Produkts beherrschbar gemacht werden?

☆ **Automatisierung**: Das automatisierte Fließband ist die Metapher für die Software-Produktion. Die heutigen Automatisierungskonzepte der Software-Pipeline spielen wiederum in die industrielle Produktion zurück.

☆ **Der digitale Zwilling**: Jedes Bauteil, jedes Produkt erhält ein digitales Gegenstück. Mit dem digitalen Zwilling können auf diese Weise zum Beispiel Tests durchgeführt werden.

Die unzähligen Kombinationsmöglichkeiten können nur noch durch automatisierte Tests qualitätsgesichert werden. Es ist allerdings aufwendiger, reale Hardware zu testen. Schon ein einfacher Sensor, der die Position eines Fensters (geöffnet/geschlossen) prüft, würde es erforderlich machen, dass die automatisierten Tests ein Fenster zur Verfügung haben und dieses auch auf und zu gemacht wird – das Ganze wäre sehr aufwendig. Es ist somit naheliegend, für virtuelle Tests (Simulation) einen Ersatz zu verwenden.

Dies sind sogenannte Mock-ups, eine Art Attrappe, die das reale Modell nachbilden. Im einfachsten Fall liefert der Mock-Up ein fixes Standardresultat. Es ist absehbar, dass sich Mock-ups zu höherwertigen digitalen Zwillingen entwickeln werden.

Doch ein Teil der Tests muss ebenso am realen Produkt erfolgen. Denkbar ist aber auch hier der Einsatz von Robotern, die menschliche Aktivitäten simulieren, etwa um ein Fenster zu öffnen und zu schließen.

Modulare Montage

Im Audi-Werk in Ingolstadt richten sich alle Arbeitsstationen an einem Takt von 90 Sekunden aus. Am Fließband sind Arbeitsaufwand und damit Zeitdauer aber nicht für alle Arbeitsstationen einheitlich. Da nicht alle Fahrzeuge beispielsweise eine Standheizung erhalten, entsteht Leerlauf.

Um die Taktung zu entzerren, experimentiert Audi mit der Modularen Montage. Zwischen rund 200 Fertigungsstationen verbindet anstelle des starren Fließbands ein flexibles Transportsystem. Das erlaubt softwaregesteuert für jede Karosserie unterschiedliche Routen zu wählen, etwa um an der Station für die Standheizung vorbeizufahren. Das Band zwischen den Stationen besteht aus Software.

Zugleich arbeitet Audi am softwaredefinierten Fahrzeug (Function on Demand) und der additiven Fertigung. Gut möglich, dass eines Tages 3D-Drucker an jeder Station die Bauteile herstellen, Menschen und Roboter diese gemeinsam montieren und am Ende das softwaredefinierte Fahrzeug hochautomatisiert qualitätsgesichert wird.

Das Bild der „Losgröße kleiner 1" lenkt den Blick stärker auf die Software und ihr Potential für die Gestaltungsfähigkeit eines Produkts, aber auch auf die komplexen Anforderungen im Produktionsprozess. Smart Lot vereinfacht die Montage in der Produktion und verlängert den Long Tail. Sowohl die Kundenseite mit der flexiblen Konfiguration nach dem Kauf als auch die Produktion werden durch Smart Lot nachhaltig verändert.

3D-Druck

Der normale 2D-Druck arbeitet bekanntlich mit Tinte bzw. Toner auf flachem Papier. Beim 3D-Druck werden anstelle des Toners andere Materialien verwendet, etwa Kunststoffe oder Metalle. Diese werden im flüssigen Zustand mehrfach aufgetragen, so dass Schicht für Schicht ein dreidimensionales Werkstück aufgebaut wird. Je nach Material können Industrieteile, Schmuck, Lebensmittel oder sogar Organe gedruckt werden. Auch ein ganzes Haus lässt sich per Druckverfahren mit Flüssigbeton bauen (Contour Crafting).

Beim 3D-Druck wird das Werkstück also nicht durch Abtragen aus einem Klotz erstellt, sondern durch Aufbau des Materials. Daher spricht man im professionellen Bereich auch von der generativen oder additiven Fertigung, im Gegensatz zu subtrahierenden Fertigung wie Fräsen.

Durch den Materialaufbau lassen sich Materialeinsparungen erzielen, da in der Regel weniger Material als etwa beim Fräsen verwendet wird. Weiterhin muss die Konstruktion nicht so viel Rücksicht auf das Fertigungsverfahren nehmen (Design-driven Manufacturing). Durch die höhere Designfreiheit sind Optimierungen möglich, die zu Gewichtseinsparungen sowie zu höherer Belastbarkeit führen. Auch kann ein komplexes Bauteil in einem Arbeitsgang gefertigt werden, das mehrere Einzelteile ersetzt (Assembly Consolidation). In der Summe führen diese Verbesserungen auch zu einem geringeren Energieverbrauch.

Ferner ist es möglich, die Produktion bei geringeren Rüstzeiten zu individualisieren. Im Rahmen der Druckmöglichkeiten kann jedes Werkstück variieren. Der Bedarf an verschiedenen Maschinen sinkt, die Fabrik skaliert besser und die minimal erforderliche Fabrikgröße wird kleiner. Von der Mini-Fabrik im

Wohnzimmer hin zur 3D-Drucker-Farm, die flexibel unterschiedlichste Produkte herstellt, sind viele Gestaltungsmöglichkeiten für eine Produktionsstätte möglich. Die additive Fertigung ermöglicht die direkte Erstellung von der digitalen Konstruktion zum realen Werkstück, wahlweise als Muster (rapid prototyping) oder als Serienteil (rapid manufacturing).

Additive Fertigung

Für die additive Fertigung (additive manufacturing) sind eine Reihe von Verfahren mit verschiedenen Varianten entwickelt worden. Die bekanntesten sind:

Stereolithographie (SLA): In einem Bad aus flüssigem Kunststoff wird das Werkstück durch Laserbestrahlung an den relevanten Stellen ausgehärtet. Die Plattform wird nach und nach abgesenkt und so das Bauteil von unten nach oben aufgebaut. Stereolithographie ist das erste 3D-Druckverfahren, 1983 von Charles W. Hull entwickelt, und führte zur Gründung von 3D Systems.

Selektives Lasersintern (SLS): Das Material wird in Pulverform als Pulverbett ausgebreitet und durch Laserbestrahlung an den relevanten Stellen geschmolzen. In der Folge verklebt das Material mit der darunter liegenden Schicht. Carl R. Deckard und Joe Beaman meldeten 1986 das Verfahren zum Patent an und gründeten ein Unternehmen, das 2001 von 3D Systems übernommen wurde.

Fused Deposition Modeling (FDM): Kunststoffe oder andere Materialien wie Metall werden geschmolzen und mittels einer Düse an den gewünschten Stellen aufgebracht. Schicht für Schicht entsteht das Werkstück. Das Verfahren wurde 1988 von Stratasys entwickelt und wird in den meisten Heimdruckern verwendet.

Neben der gewachsenen Gestaltungsfreiheit erfolgt auch noch die schnellere Umsetzung. Ähnlich wie in der Softwareentwicklung rücken auch Industrie-Design, Konstruktion und Produktion immer enger zusammen (DevOps). 3D-Drucker erlauben, eine Produktion überall und sofort umzusetzen. Beispielsweise können 3D-Drucker an den Flughäfen dieser Welt dafür sorgen, dass Ersatzteile für Flugzeuge kurzfristig gedruckt werden, anstatt vom

Herstellerlager eingeflogen zu werden. Das Auslieferungslager kann durch kundennahe Produktion (on site) nach Bedarf (on demand) ersetzt werden. Denkbar ist sogar, dass 3D-Drucker in Verbindung mit Robotertechnologie mobil werden. 3D-Druck ist eine spannende neue Möglichkeit, sofort, überall und für jeden, Werkstücke zu fertigen.

....

Vorteile 3D-Druck

☆ Höhere Designfreiheit
☆ Senkung Materialeinsatz
☆ Verringerung der Anzahl an Bauteilen
☆ Geringeres Gewicht
☆ Höhere Stabilität
☆ Geringerer Energiebedarf für die Produktion
☆ Weniger Arbeitsschritte
☆ Vereinfachte und flexiblere Produktion
☆ Bessere Skalierung der Produktion
☆ Kundennahe (on site) Produktion, Reduzierung der Logistikkosten
☆ Bedarfsorientierte (on demand) Produktion, Verzicht auf Ersatzteillager
☆ Schneller am Markt
☆ Kürzere Lieferzeiten

....

Der 3D-Druck wird bewährte Produktionsverfahren nicht beliebig verdrängen. Premium-Handwerk wird ebenso wie klassische Massenfertigung weiterhin bestehen. Auch sind manche Materialien und Anforderungsprofile naturgemäß für Druckverfahren ungeeignet.

Weitere Innovationen sind zum einen bei den Drucktechniken zu erwarten, zum anderen bei den Materialien und ihrer Zusammensetzung. Dadurch werden neue Einsatzmöglichkeiten erschlossen und Eigenschaften wie Präzisionsgrad, Belastbarkeit und Gestaltungsspielraum weiter verbessert. Zugleich werden Serienproduktionen mit dem 3D-Drucker zunehmend wirtschaftlicher werden, insbesondere dann, wenn die Arbeitsschritte automatisiert und besser miteinander verzahnt werden. Darüber hinaus werden die Drucker um weitere Funktionen wie Scannen und Laserschneiden zu 3D-Multifunktionsdruckern ergänzt.

☆ **Die Vision ist die komplette Fabrik in einer Maschine.**

Eine weitere Entwicklung ist der 4D-Druck, das sind 3D-Drucke, deren Werkstücke ihre Form im Einsatz verändern können oder die sich mit der Zeit abbauen. Die Werkstücke verfügen hierzu über ein materielles Formgedächtnis; sie verändern sich beispielsweise strukturell, je nach Temperatur oder Lichtstärke. Ein entsprechender Sonnenschutz würde sich bei zunehmender Wärme so verändern, dass weniger Sonnenlicht durchdringt. Diese Materialintelligenz ist dabei von analoger Art.

☆ **Die Intelligenz steckt in der Produktion, im Produkt und manchmal auch im Material.**

Wie zentral (Produktion) oder dezentral (Produkt) die Intelligenz aufgeteilt wird, ist nicht nur eine Frage der Technik, sondern u.a. auch eine der Kostenstruktur, des Marketings und der Wartung. Dabei wird sich der Schwerpunkt der Arbeit immer stärker auf Design, Entwicklung und Steuerung verlagern.

Digitalisiertes Material

3D-Druck und intelligente Produkte sind wesentliche Bausteine für die Revolution in der Fabrik. Aufgrund der weiteren Verkleinerung digitaler Komponenten können Sensoren und Aktoren direkt in das Material integriert werden. Digitale Komponenten sind wie eine Beimischung in das Druckmaterial.

Diese winzigen Komponenten können bei der Materialherstellung eingemischt oder während der Produktion im Druckprozess eingebracht werden. Bei Textilien wiederum werden sie eingesponnen oder eingewebt. Multimateriale 3D-Drucker können verschiedene Materialien während des Druckvorgangs mischen und damit neben unzähligen Farbkombinationen auch andere Materialeigenschaften wie Transparenz oder Hitzebeständigkeit in das Material einbringen. Auch essbare oder biokompatible Materialien sind möglich.

Aktoren

Aktoren setzen Steuersignale in Bewegung oder eine andere Wirkung um. Typische Aktoren sind Motoren und Regler. Beispielhafte Einsatzgebiete für Aktoren sind Roboter in der Fabrik oder im Haushalt, autonome Fahrzeuge und Smart Home.

Weitergehende Verfahren drucken elektronische Bauteile wie Antennen, Batterien, Isolatoren und Sensoren unmittelbar auf. Die Aerosol Jet-Technology von Optomec erlaubt es, elektronische Bauteile im Mikrometerbereich zu drucken. Die Elektronik wird nicht mehr montiert, sondern als integrierter Teil der Gesamtentstehung eines Bauteils gedruckt. Der Begriff der integrierten Schaltung (Integrated Circuit, IC) erfährt eine neue Dimension.

Sensoren

Sensoren messen physikalische oder chemische Eigenschaften wie Temperatur, Helligkeit, Beschleunigung, Rotation oder pH-Wert. Dank der Entwicklung für Smartphones sind digitale Sensoren sehr klein und preiswert geworden. Vorteil digitaler Sensoren ist auch, dass sie direkt digitale Werte liefern und somit auf einen zusätzlichen Analog-/Digital-Wandler verzichtet werden kann.

Auf diese Weise werden reales Material und digitale Systeme nicht nur zusammengebaut, sondern miteinander verschmolzen – zu digitalisiertem Material. Damit eröffnet sich die digitale Dimension des Materials und ebnet revolutionären Entwicklungen den Weg.

Software Defined Industry

Die industrielle Entwicklung wird im Rahmen von „Industrie 4.0" in vier Phasen eingeteilt, die in Anlehnung an die Versionierung von Software in die Versionen 1.0 bis 4.0 nummeriert werden. Inzwischen ist „4.0" eine vielfach genutzte Marke geworden. Die Digitalisierung steht aber nicht nur im Kontext der Industrialisierung der letzten 250 Jahre, sondern berührt die Menschheitsentwicklung und den Gebrauch von Werkzeug in seiner Gänze.

Verbreitete Darstellung der industriellen Phasen

★	Vers.	Beginn	Ereignis	Basis	Beispiele
☆	1.0	1776	Dampfmaschine James Watt	Dampfkraft	Webstühle Eisenbahn
☆	2.0	1838	Telegrafen Samuel F. B. Morse	Elektrizität	Fließband Massenproduktion Glühbirne
		1866	Generator Werner v. Siemens		
☆	3.0	1941	Computer Konrad Zuse	Digitalisierung und Elektronik	Automatisierung
☆	4.0	2007	Cyber-Physical Systems	IT und Vernetzung	Smartphone Vernetzte Fabrik Verkehrssteuerung

Über diese Einteilung kann man daher sicher diskutieren. So bezieht sie die Mechanik nicht in der Darstellung mit ein. Schon im alten Ägypten und in der Antike war man in der Kriegskunst, im Bauwesen und in der Versorgung der Städte zu erheblichen technischen Leistungen auf mechanischer Basis in der Lage. Der Bau der Pyramiden hatte zweifelsohne industrielle Ausmaße. Es lässt sich ebenfalls darüber diskutieren, ob 3.0 und 4.0 nicht zusammengehören. Entscheidend ist schließlich die Digitalisierung und nicht die Größe der Rechner; zumal die Industrialisierung in den Regionen der Welt unterschiedlich verlief.

In der Menschheitsgeschichte müssten somit der mechanische Werkzeuggebrauch sowie die sesshafte Lebensweise (Neolithische Revolution) als Version 1.0 bezeichnet werden. Die Dampfmaschine würde den Weg zu 2.0 markieren, Elektrizität zu 3.0 und die Digitalisierung zu 4.0:

Alternative Darstellung der industriellen Phasen

★	Vers.	Beginn	Ereignis	Basis	Beispiele
☆	1.0	10.000 v. Chr.	Ackerbau	Mechanik	Pflug, Achse Keramik
☆	2.0	1776	Dampfmaschine James Watt	Dampfkraft	Webstühle Eisenbahn
☆	3.0	1838	Telegraf Samuel F. B. Morse	Elektrizität	Fließband Massenproduktion Glühbirne
		1866	Generator Werner v. Siemens		
☆	4.0	1941	Computer Konrad Zuse	Digitalisierung	Automatisierung Smartphone Vernetzte Fabrik
		1969	Internet		

Je nach industrieller Entwicklung sind international andere Einteilungen der Historie möglich. Noch weitergehend kann die Entwicklung der Steinwerkzeuge vor über 3 Millionen Jahren als erster Schritt zur Verwendung eines Werkzeuges angesehen werden. Deutlich wird in jedem Fall, dass die Digitalisierung eine neue Ära eingeleitet hat.

Cyber-Physische Systeme

Unter dem Schlagwort „Industrie 4.0" wird die so bezeichnete 4. industrielle Revolution beschrieben. Cyber-Physische Systeme (CPS) werden als Grundlage für die Version 4.0 betrachtet.

Einfach formuliert sind CPS sehr kleine Rechner, die in Maschinen und Geräten eingebaut werden – sei es die Waschmaschine, der Roboter oder Fahrzeuge, aber auch Gebäude (Smart Home) und andere Gegenstände können als CPS ausgestattet werden. CPS verfügen außerdem über verschiedene Sensoren und Aktoren. CPS sind so etwas wie Objekte mit eingebautem Smartphone.

Als CPS verfügen Objekte über eine eigene „Intelligenz" – sie können mit ihrer realen Umwelt kommunizieren und sich mit anderen Geräten oder einer Zentrale verbinden. Durch die Kommunikationsfähigkeit der Dinge entsteht das „Internet der Dinge", englisch Internet of Things (IoT). Der britische IT-Pionier Kevin Ashton schuf diesen Begriff 1999.

Die Geräte können über das IoT an übergeordnete Strukturen wie z. B. an eine Plattform angebunden werden (vertikale Integration). Ein Beispiel ist das Taxi (Gerät), dessen Ortungssystem (GPS) beständig die Position sowie den Verfügbarkeitsstatus an die Vermittlungszentrale (Plattform) meldet. Aber auch die mit CPS ausgestatteten Geräte können direkt miteinander in Kommunikation treten (horizontale Integration), sich abstimmen und Informationen austauschen. Auf dem Internet of Things aufbauend können neue Produktionsprozesse gestaltet werden, die selbstregelnd sind, sich anpassen können und in der die Produkte aktiv am Produktionsprozess teilnehmen.

Funk-Schmalband für IoT

Schmalbandiger Mobilfunk (Low Power Wide Area, LPWA) kann nur geringe Datenmengen übertragen. Für viele Geräte und Sensoren ist dies aber völlig ausreichend,
etwa Wasserzähler, Statusmelder, Objekt-Tracking, Bestellknöpfe und landwirt-
schaftliche Sensoren. Dafür benötigt diese Technologie sehr wenig Energie, ist preis-
günstig und kann Daten über mehrere Kilometer übertragen. Das Schmalband hat
für IoT meist das bessere Preis-/Leistungsverhältnis. Wichtige Standards sind Long
Range Wide Area Network (LoRaWAN), Narrow Band IoT (NB-IoT) und Ultra-Nar-
row-Band (UNB, Herstellerstandard von SigFox).

Für die Übertragung der Inhalte sind sparsame Protokolle wie MQTT (Message
Queuing Telemetry Transport) üblich. Die Geräte senden ihre Nachrichten an einen
sogenannten Broker, der die Verteilung der Daten an die Informationsverarbeiter
übernimmt. Die Strukturen, die heute für das Internet of Things aufgebaut werden,
müssen in 20 Jahren weltweit viele Milliarden von Geräten, möglicherweise sogar in
Billionengröße, betreiben. Dies wird nur mit hoher Automatisierung bei niedrigen
Kosten möglich sein.

Dies führt zur sogenannten Smart Factory, die in einem globalen Verbund,
mit Lieferanten und anderen Produktionsstätten, den Kunden in die Prozesse
integriert. Über die Produktion hinaus kann IoT auch die Lieferkette und den
Betrieb eines Produkts bis zur Entsorgung begleiten.

Das Gesamtkonzept wird in Deutschland als „Industrie 4.0" vorangetrieben
und verbreitet sich auch in anderen Ländern. Mit Industrie 4.0 sind immer
komplexere Produktionsprozesse im Trend, die durch Software gesteuert
werden. Industrie 4.0 treibt die Komplexität der Bauteillogistik in der Fabrik
auf die Spitze. Viele verschiedene Bauteile werden mit einer komplexen
Kommunikation zu individuellen Produkten der Losgröße 1 zusammengesetzt.
Die Frage stellt sich allerdings, ob eine derartig hochflexible Produktionsweise
überhaupt erforderlich sein wird.

Smart World

Als smart bezeichnete Dinge, sollen durch digitale Technologie und intelligente Vernetzung das Leben angenehmer und effizienter machen. Vom intelligenten Zuhause – Smart Home – und digitaler Gebäudeautomation – Smart Building – über effizientes Energiemanagement – Smart Energy – bis zur digital vernetzen Stadt – Smart City – durchdringen smarte Technologien das tägliche Leben. Als Smart Dust werden winzige kommunikationsfähige Sensoren bezeichnet, die kleiner als die Dicke eines menschlichen Haares sind.

Wie beim Thema „Smart Lot" gesehen, kann durch Software in den Produkten die Komplexität des Produktionsprozesses in das Produkt verlagert werden. Zusätzlich reduziert 3D-Druck die Vielfalt des Maschinenparks.

☆ **Die additive Fertigung vereinfacht die Formung und das Smart Lot die Montage.**

Die Idee ist eine Universalmaschine, die universelle Produkte baut. Auch wenn diese Vision unerreichbar scheint, so ist dies doch der Trend für die Produktion anspruchsvoller Produkte.

Die hohe Vielfalt und Flexibilität der Industrie 4.0-Fabrik wird dann nicht benötigt; die Logik wandert in die Produkte. Mehr noch: Die Fabrik wird skalierbar und kann im Wohnzimmer wie auch als Maschinen-Farm wesentlich einfacher als bisher erweitert werden, sowie an vielen Standorten produzieren. Herausfordernd wird allerdings in diesem Fall die Qualitätssicherung, da die Produkte ein hohes Maß an zu testenden Kombinationen aufweisen.

Die Trennung zwischen Entwicklung, Herstellung und Nutzung wird auch in der Industrieproduktion aufgehoben. Die Kommunikationsfähigkeit von Industrie 4.0 bleibt trotzdem im Grundsatz richtig, wenn sich auch die Schwerpunkte verändern werden.

Industrie 4.0

Industrie 4.0 ist eines der strategischen Forschungsprojekte der deutschen Bundes-
regierung. Die Versionsnummer ist an die 4. industrielle Revolution angelehnt.

In der Fabrik von morgen sollen nach diesem Konzept Maschinen sowie Werkstücke
intelligent agieren und vernetzt sein. Die Fabrik wird dezentral organisiert, und die
Systeme informieren sich gegenseitig. Der Status über die Lagerbestände und den
Produktionsfortschritt steuert die Fabrik flexibel und beschleunigt die Durchlauf-
zeiten erheblich. Das Produkt sucht sich seinen Weg selbst. Grundlage sind vertikal
und horizontal integrierte sowie aufeinander abgestimmte Prozesse und Systeme.

Eine ähnliche Bewegung aus den USA ist das Industrial Internet Consortium (IIC,
www.iiconsortium.org), branchenübergreifend ausgerichtet auf das Industrial Internet of Things (IIoT) und dessen Interoperabilität. Beide Organisationen kooperieren und sind bemüht, ihre umfangreichen Architekturmodelle RAMI 4.0 und IIRA
aufeinander abzustimmen.

Nicht nur Fabrik (Software Defined Factory), Produktion (Sofware Defined Production) und Produkte (Software Defined Product) werden durch Software definiert und gesteuert, sondern auch die gesamte Zusammenarbeit zwischen
den industriellen Partnern und deren Produkten. Die gesamte Industrie ist
auf dem Weg vom klassischen Hardware-Produzenten zum Softwarehaus mit
Hardwareanteil: Software Defined Industry.

ZUSAMMENFASSUNG Kapitel 3

☆   Innovation führt zur schöpferischen Zerstörung.
☆   Ständige Leistungssteigerung ist wichtiger Treiber der Digitalisierung.
☆   Plattformen erschaffen eigene Welten und übernehmen ganze Märkte.
☆   Smart Lot und additive Fertigung revolutionieren Fabrik und Business.

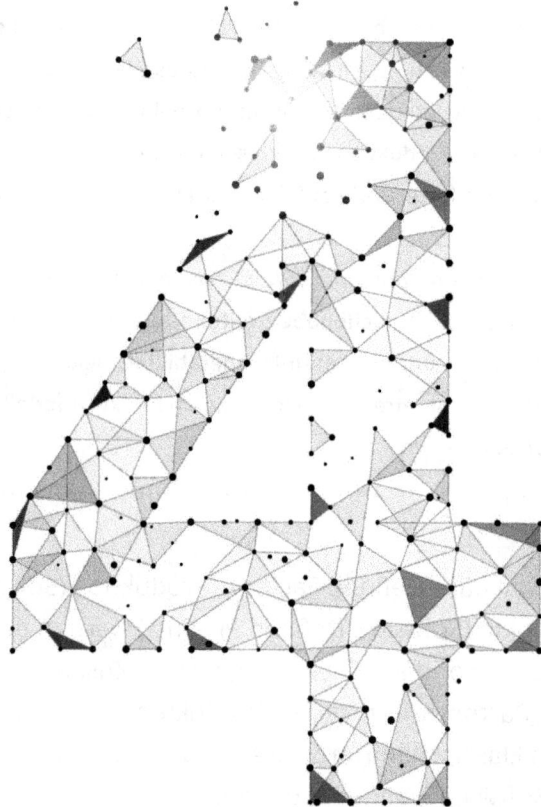

UNZERBRECHLICHE SYSTEME

Unzerbrechliche Systeme

„Unbreakable" ist ein Spielfilm aus dem Jahr 2000 und handelt von David Dunn, dem Angestellten eines Sicherheitsdienstes, der als einziger ein schweres Zugunglück überlebt. Und das ohne einen Kratzer. Dunn sucht nach einer Erklärung für dieses Wunder. Der Kunstgalerist Elijah Price, ein mysteriöser Mann mit Glasknochen-Krankheit, eröffnet ihm schließlich, dass die Natur sowohl starke als auch schwache Körper erschaffe und einige sogar besonders stark seien, vergleichbar mit der Kraft von Comic-Superhelden. Und auch er, Dunn, sei mit dem Potential solcher Kräfte ausgestattet; er sei „unbreakable".

Analog zu Dunns Unzerstörbarkeit erfordert auch Software ein Sicherheitssystem, das „unbreakable" ist.

Notwendig ist es zum einen, die Betriebsqualität so zu erhöhen, dass die Systeme immer ohne Unterbrechung in der geforderten Leistung verfügbar sind. Das System tut immer das, was es soll. Zum anderen muss das System so sicher sein, dass nur die autorisierte Nutzung möglich ist. Die Sicherheit und Vertraulichkeit eines Systems ist jederzeit zu gewährleisten. Das System erlaubt nur das, was es darf.

Sichere IT-Systeme sind eine breitgefächerte Aufgabe, deren Details ein dickes Buch füllen. In diesem Kapitel sind die Schlüsselaufgaben beschrieben sowie wichtige Verständnisfragen, welche unter anderem die Grundlage für Digitalgeld sind. Wesentlich ist, Sicherheit sowohl in das Produkt als auch in die Organisation zu integrieren.

Null-Toleranz

Es ist gut, wenn eine Software nur wenige Fehler enthält. Es ist gut, wenn die Cloud zu 99,9 % verfügbar ist. Es ist gut, wenn die Performance eines Programms meistens zufriedenstellend ist.

Das alles ist aber nicht mehr gut genug.

Bei 200 km/h auf der Autobahn ist auch nur eine Sekunde Ausfall im autonomen Fahrzeug fatal. Die Software darf keinen Fehler verursachen. Auch Verbraucher sind heutzutage nicht mehr gewillt, Ausfälle, schlechte Performance oder mangelhafte Benutzerfreundlichkeit zu akzeptieren. Mangelnde Qualität der Shop-Funktionalität zieht Umsatzverluste nach sich. Der Kunde geht zu einem anderen Shop und kehrt nicht wieder. Es gilt, eine Politik der Null-Toleranz durchzusetzen. Null-Toleranz muss gegenüber Software-Fehlern und Systembeeinträchtigungen bestehen. Aber auch schlechtes Design der Benutzerführung kostet am Ende mehr, als die Investition in Qualität.

Die Idee der „Zero Tolerance" geht auf die Kriminalitätsbekämpfung in New York zurück. Grundlage war die Broken-Windows-Theorie basierend auf einem Experiment im Jahr 1969: Die daraus resultierende Erkenntnis war, dass ein beschädigtes Fahrzeug oder die eingeschlagene Scheibe eines Hauses umgehend weitere Beschädigungen oder Plünderungen nach sich zogen, während ein tadelloses Fahrzeug oder ein unversehrtes Haus dagegen nicht berührt wurden. Darauf aufbauend rief die New Yorker Polizei in den 1990er Jahren das Konzept der „Zero Tolerance" ins Leben. Bereits geringe Vergehen sollten konsequent verfolgt und bestraft werden, um dem Erodieren der öffentlichen Ordnung vorzubeugen.

Das Broken-Windows-Phänomen lässt sich bei der Entwicklung und dem Betrieb von IT-Systemen vielfältig beobachten. Die Erfahrung zeigt, dass schon ein unbearbeiteter Fehler den Verfall auslösen kann; einzig und allein eine konsequente Strategie der Nullfehlertoleranz vermag es, diesem Einhalt zu gebieten. Ein Qualitäts- und Testmanagement muss, als etablierte Instanz, bei entdeckten Mängeln die sofortige Beseitigung einfordern.

Aus diesem Grund muss Software per Testautomatisierung permanent überprüft werden. Die Architektur einer Anwendung sollte in einer Art und Weise gebaut werden, die Fehlervermeidung sicherstellt. Selbst wenn ein Fehler auftritt, muss dieser abgefangen werden können. Moderne Cloud-Systeme und -Anwendungen sind darauf ausgelegt, Ausfälle der Hardware durch Redundanz und Orchestrierung abzufangen, ohne dass es dabei zu einer Unterbrechung kommt. Ein Fehler oder Schwachpunkt darf nie zum Ausfall des Gesamtsystems führen – Design for Failure.

☆ **Für die Unzerbrechlichkeit wird alles getan, um gezielt Fehler zu vermeiden – zugleich wird ständig mit Fehlern gerechnet.**

Zero Downtime

Bei Zero Downtime treten in einem System keine Ausfallzeiten (Höchstverfügbarkeit) und keine Datenverluste auf. Um dies zu erreichen, muss das System bei jeder Last skalieren sowie durch Redundanz und Resilienz Ausfälle verhindern. Geplante Ausfallzeiten, etwa für einen Wechsel der Softwareversion, sind mit entsprechenden Verfahren vermeidbar: Beispielsweise können für einige Zeit die alte und die neue Softwareversion parallel aktiv geschaltet werden, bis alle aktiven Nutzer der alten Version auf die neue Version transferiert werden konnten.

In der Folge kommt es zu keinen Systemausfällen mehr (Zero Downtime) und Fehler, sofern sie dennoch auftreten, sind in ihrer Auswirkung kontrollierbar. Testautomatisierung und Software-Orchestrierung machen somit einen konsequenten Ansatz wie Zero Tolerance in der IT überhaupt erst möglich. Dieses konsequente Vorgehen gilt von Anfang an, also auch schon auf den Entwicklungssystemen.

Resilienz

Der Begriff Resilienz leitet sich aus der Psychologie ab und bedeutet die psychische Widerstandsfähigkeit, also die Fähigkeit, schwierige Situationen zu bewältigen. In der IT bedeutet dies entsprechend Systeme in die Lage zu versetzen Störungen sinnvoll abzufangen (Fallback). Beispielsweise werden bei Ausfall eines Rechners die virtuellen Maschinen und Container automatisch auf einen anderen Rechner verschoben. Der Betrieb geht ohne merkbare Unterbrechung weiter (Business Continuity). Auf diese Weise erweist sich das System gegenüber Störungen und Belastungen als widerstandsfähig und stabil.

Das Unternehmen Netflix treibt die Qualitätssicherung noch einen Schritt weiter. Netflix entwickelt Spezialprogramme, die zufallsgesteuert Störungen herbeiführen: So werden beispielsweise Netzleitungen lahmgelegt, Programme beendet und andere scheinbare unsinnige Störungen ausgelöst – alles auf dem Live-System. Dieses Vorgehen ermöglicht Netflix, den Lernprozess, das System, auch unter widrigen Bedingungen stabil zu halten. Auf ähnliche Weise werden Flugzeugpiloten im Simulator trainiert: Das Training muss härter sein, als es in der Realität zu erwarten ist. Nur auf diese Art und Weise können die Schwierigkeiten im Alltag zur Routine werden.

Kryptographie

Kryptographische Verfahren sind eine wesentliche Grundlage für sichere Systeme und werden auch für Digitalgeld wie Bitcoin eingesetzt.

Klassische Verschlüsselung erfolgt über ein einziges Geheimnis: Dem Schlüssel. Wer eine Nachricht verschlüsselt übermitteln will, muss auch den Schlüssel zum Empfänger transportieren. Der Empfänger muss wissen, wie er die Botschaft entschlüsseln kann.

Um das Transportproblem des Schlüssels zu lösen, wurden in den 1970er Jahren Public-Key-Verfahren mit asymmetrischen Schlüsselpaaren entwickelt. Jeder Teilnehmer erzeugt mithilfe einer speziellen Software einen privaten Schlüssel (Private Key) und einen öffentlichen (Public Key). Die beiden Schlüssel sind zwar unterschiedlich, aber kryptografisch so verbunden, dass die Inhalte, die mit dem einen Schlüssel verschlüsselt werden, mit dem anderen Schlüssel entschlüsselt werden können.

Nur der private Schlüssel bleibt geheim, während der öffentliche Schlüssel im Internet verbreitet wird. Wer eine Nachricht geheim versenden will, sucht den öffentlichen Schlüssel des Empfängers, verschlüsselt die Nachricht und übersendet sie. Mit seinem geheimen privaten Schlüssel kann der Empfänger die Nachricht entschlüsseln.

Ein solches Schlüsselpaar kann auch für die digitale Unterschrift genutzt werden. Dazu wird zuerst der private Schlüssel des Unterschreibenden auf den Inhalt angewendet und das Ergebnis, die sogenannte Signatur, gemeinsam mit dem Klartext übermittelt. Sodann kann mit dem öffentlichen Schlüssel die Signatur in den ursprünglichen Klartext gewandelt werden und dieser mit dem mitgesendeten Klartext verglichen werden (validieren). Damit ist sichergestellt, dass der Inhaber des privaten Schlüssels digital „unterschrieben" hat.

Aufgrund des allgemein offenen Zugangs zum öffentlichen Schlüssel kann die Prüfung von jedem durchgeführt werden und ist im Gegensatz zur Handschrift fälschungssicher. Voraussetzung ist allein, dass der Eigentümer des privaten Schlüssels diesen strikt geheim und sicher aufbewahrt. Deshalb ist das Hauptziel krimineller Angriffe der Zugang zum privaten Schlüssel.

Kryptographie

Der Begriff Kryptographie basiert auf griechischer Begrifflichkeit und bedeutet „geheim schreiben". Kern der Kryptographie ist die Verschlüsselung. Durch die Digitalisierung hat die Kryptographie einen großen Aufschwung genommen.

Kryptografische Verfahren beruhen auf mathematischen Modellen, die voraussetzen, dass bei Digitalcomputern nicht genügend Rechenleistung vorhanden ist, um die Sicherheit entsprechend auszuhebeln. Quantencomputer würden schlagartig in bestimmten Fällen diese Grenze überschreiten; kryptografische Verfahren wären dann nicht mehr sicher und somit unbrauchbar. Solange dies nicht der Fall ist, werden Public-Key-Verfahren ihre Stellung als ein zentraler Baustein für sichere Systeme beibehalten. Allerdings steigt kontinuierlich auch die Rechenleistung von Digitalcomputern, so dass kryptografische Standards immer wieder angepasst werden müssen, zum Beispiel durch längere Schlüssel.

Hashfunktion

Hashwerte werden besonders für Prüfsummen, der Speicherung von Passwörtern, beim Signieren von Nachrichten und für die Blockchain verwendet. Hashwerte sind ein wichtiges Element für sichere Systeme. Was ist eigentlich ein Hashwert?

Um einen Hashwert zu erzeugen, verarbeitet ein Algorithmus – namentlich die Hashfunktion – den gewünschten Inhalt zu einem eindeutigen binären Wert, der mit extrem hoher Wahrscheinlichkeit nur einmal existiert.

Zugleich muss die Hashfunktion so gewählt werden, dass aus dem binären Wert der ursprüngliche Wert auch mit sehr großem Aufwand nicht mehr hergestellt werden kann, d.h. eine Rückwärtsberechnung (reverse) muss unmöglich sein. Die Hashfunktion ist eine sogenannte Einwegfunktion, da die Berechnung des Wertes nur in eine Richtung möglich ist. Das macht eine Hashfunktion so nützlich für die IT-Sicherheit. Hashwerte können zwar leicht produziert werden, aber das Original kann kaum rückgerechnet werden.

Es gibt einige international genormte Hashfunktionen. Beispielsweise wird aus dem Text „**The Making of Digital**" durch die Hashfunktion Secure Hash Algorithm Version 1 (SHA-1), einem internationalen Standard, der Hashwert:

THE MAKING OF DIGITAL

0c6e3b482bc0660e8e373ace62d7940cb8b221be

Der binäre Wert wird meist als Hexadezimalwert dargestellt. Um die Schreib-
länge weiter zu kürzen, werden auch andere Codierungen wie etwa Base58
verwendet.

....

Base58

Während die hexadezimale Darstellung als Ziffern 0-9 sowie die Buchstaben A-F
verwendet, wird für Base58 das gesamte Alphabet in Klein- und Großbuchstaben
genutzt. Um Verwechslungen auszuschließen, verzichtet man auf 0 (Ziffer 0), O
(großes o), I (großes i) und l (kleines L).

....

Die Erzeugung eines Hashwerts kann mit einer zusätzlichen Auflage erschwert
werden. Diese Erschwernis (Difficulty) kann beispielsweise lauten, dass der
Inhalt mit einer zusätzlichen Zeichenfolge so ergänzt werden muss, dass der
Hashwert eine bestimmte Anzahl führender Nullen aufweist. Mangels Rever-
se-Funktion muss ein Hashwert mit den gewünschten Nullen durch beträcht-
liches Ausprobieren gesucht werden (Mining), was sehr rechenaufwendig ist.

Eine solche Erschwernis sorgt bei Digitalgeld wie Bitcoin für eine „Inflations-
bremse", ist durch die Rechenintensität allerdings auch sehr energieaufwen-
dig. Diese Bremse ist nicht zwingend notwendig, sondern ein bewusst gesetz-
tes Gestaltungselement. Andere Kryptowährungen verzichten darauf oder
mildern sie stark ab.

Blockchain

Beim Blockchain-Verfahren werden Inhalte, etwa Überweisungen (Transaktionen), in einem Datenpaket, dem Block, gespeichert – die Buchführung. Jeder Block ist mit dem vorhergehenden Block verknüpft, so dass sich eine Kette (Chain) von Blöcken bildet – die Blockchain. Der neue Block bezieht dabei Inhalte aus dem vorhergehenden Block in seinen Hashwert ein und kettet sich auf diese Weise an ebendiesen Block (kryptografische Verkettung).

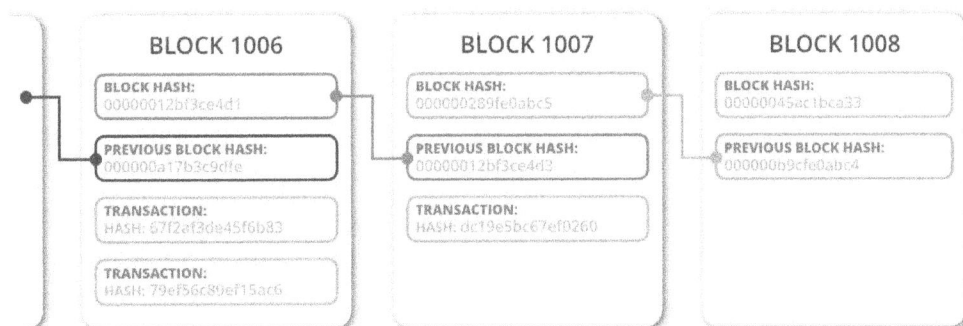

Muster einer Blockchain

Die Übertragung erfolgt somit durch die Eintragung der Transaktion in die Blockchain und nicht direkt zwischen den Eigentümern, auch wenn dies in der Praxis den Anschein hat. Ein Block kann mehrere Transaktionen beinhalten. Eine Transaktion wird mit dem privaten Schlüssel signiert und mit dem öffentlichen Schlüssel geprüft.

Die Buchführung, also die Datenbank der Blöcke, wird redundant gespeichert, im einfachsten Fall bei jedem Beteiligten (Distributed Ledger). Über ein sogenanntes Peer-to-Peer Netzwerk, in dem jeder Teilnehmer gleichwertig ist und auf einen zentralen Server verzichtet wird, werden Transaktionen im Netzwerk verbreitet. Die Erstellung eines Blocks kann durch mehrere Teilnehmer gleichzeitig erfolgen. Im Rahmen eins Konsensverfahrens wird entschieden, welcher Block der nächste gültige Nachfolger ist.

Durch diese systemimmanenten Absicherungen mit Blockverkettung, kryptografische Schlüsselpaare und dezentrale Mehrfachspeicherung, ist es sehr aufwendig, eine Blockchain zu manipulieren. Das Verfahren kommt ohne eine zentrale Institution (Clearingstelle, Notar, Bank, Plattform) aus.

Jeder Teilnehmer benötigt eine digitale Geldbörse, im englischen Wallet, um private Schlüssel gesichert und geheim zu speichern. Darüber hinaus berechnet das Wallet das Gesamtguthaben aus allen Transaktionen und sorgt bei einer Überweisung für die Zusammenstellung und Ausführung der benötigten Transaktionen.

Welcher Inhalt in einen Block eingetragen wird, ist technisch unerheblich. Die Blockchain kann daher auch für alle anderen Arten von digitalen Verträgen verwendet werden. Für alle geschäftlichen Transaktionen, die digital abgeschlossen werden, ist ein digitaler Vertrag naheliegend. Börsen für Wertpapiere, Strom, Rohstoffe, Waren oder eben Währungen sind dafür prädestiniert in Plattformen mit Blockchain-Verfahren umgewandelt zu werden. Ebenso kann die Buchhaltung von Logistikketten oder Produktionsschritte mit einer Blockchain realisiert werden.

Allerdings hat die Blockchain auch elementare Grenzen. So ist es systemimmanent, dass in einer Blockchain nichts mehr gelöscht werden kann. Doch im Datenschutzrecht, wie beispielsweise der EU-Datenschutz-Grundverordnung, ist das Löschen von Daten ein zentrales Recht: Das Recht auf Vergessenwerden. Darüber hinaus kann eine Blockchain attackiert werden, wenn ein Angreifer über mehr als 50 Prozent der Rechenleistung verfügt. Dieser sogenannte 51 Prozent-Angriff wurde im Mai 2018 gegen Bitcoin Gold, einem Ableger von Bitcoin, durchgeführt und führte zu erheblichen finanziellen Verlusten.

Digitalgeld

Die Blockchain ist eine häufig verwendete Grundlage für Digitalgeld. Das 2009 gestartete Bitcoin ist die erste und bekannteste Marke unter einer Vielzahl von Digitalwährungen, die sich seitdem auf Basis der Blockchain gebildet haben. Die technischen Details und Zielsetzungen variieren teilweise erheblich. Gemeinsam ist ihnen allen die digitale Form. Darüber hinaus sind digitale Währungen nach ihrem Start nur noch durch Kauf und Verkauf zu beeinflussen, aber nicht mehr durch Entscheidungen in Politik, Banken oder anderer Stelle.

Digitalgeld ermöglicht dem technischen Design große Freiheitsgrade. Beispielhaft sind die technischen Eckdaten für Bitcoin:

☆ Die Blockgröße hat einen Umfang von 1 MB. Jeder Block beinhaltet je nach Umfang der einzelnen Transaktionen grob 2000 Transaktionen. Die Abspaltung (Hard Fork) „Bitcoin Cash" ist eine neue, auf Bitcoin basierende Digitalwährung mit 8 MB Blockgröße. Damit wird dem wachsenden Transaktionsvolumen Rechnung getragen.

☆ Jeder Block hat einen Vorspann, den sogenannten Header, der Daten wie die laufende Blocknummer, den Hashwert des Vorgängers, einen Zeitstempel und den eigenen Hashwert beinhaltet.

☆ Jeder Block erhält darüber hinaus einen Bitcoin-Wert. Zu Beginn waren dies 50 Bitcoins je Block. Der Wert wird nach 210.000 erstellten Blocks halbiert (Bitcoin Block Halving). Am 28. November 2012 erfolgte die Halbierung auf 25 Bitcoins, am 9. Juli 2017 auf 12,5 Bitcoins und voraussichtlich Anfang Juni 2020 auf 6,25 Bitcoins. Bei Block 6.930.000 ca. im Jahr 2140 halbiert sich der Wert auf gerundet 0 Bitcoins, so dass die dann erreichten 21 Mio. Bitcoins nicht weiter vermehrt werden können.

☆ Transaktionen und neue Blöcke können weiterhin erstellt werden.

☆ Der Ersteller des Blocks, der Miner, erhält dessen Bitcoin-Wert als Beloh-
    nung für seinen Aufwand (Proof-of-Work).

☆ Die Erschwernis wird so justiert, dass im Schnitt alle 10 Minuten ein neuer
    Block angehängt wird. Alle 14 Tage wird die Erschwernis neu bestimmt. Auf
    diese Weise passt sich das Verfahren systemimmanent an eine veränderte
    Rechenleistung aller Miner an.

☆ Im Konsensverfahren wird der Block angehängt, der den höchsten Ar-
    beitsaufwand hatte. Alle anderen Versuche, aus den im Netzwerk verbrei-
    teten Transaktionen einen gültigen Block zu erstellen, gehen leer aus.

☆ Die Bitcoin-Adresse ist der öffentliche Schlüssel, auf den u.a. zweimal
    eine Hashfunktion angewendet wird, um die Anonymität zu stärken. Um
    die Adresse einigermaßen kurz zu halten, wird sie nicht hexadezimal dar-
    gestellt, sondern in Base58.

Die technischen Details bei Bitcoin vereinen höchst intelligent komplexe digitale Technologien – eine geistige Meisterleistung. Die vielen Freiheitsgrade
bei der Gestaltung von Digitalgeld sind ein Eldorado für Innovationen.

....

Bargeld

Bargeld ist physisches Geld in Form von Papiernoten und Münzen. Bargeld ist ge-
setzliches Zahlungsmittel.

Buchgeld ist Geld auf Girokonten und wurde vormals in Papierbüchern geführt.
Heute ist das Buchgeld voll digitalisiert. Buchgeld ist kein eigenständiges Zahlungs-
mittel, sondern beruht auf dem Versprechen der Bank, jederzeit das Buchgeld in
Bargeld zu tauschen.

Digitalgeld basiert auf digitalen Verfahren zur Erzeugung und Speicherung des
Wertes. Liegt dem Digitalgeld dabei ein kryptografisches Verfahren zugrunde,
spricht man auch von Kryptogeld. Digitalgeld kann analog zum Buchgeld in andere Währungen getauscht werden. Der Tausch wird aber nicht von einer Bank als
zentraler Treuhänder durchgeführt, sondern bedingt durch die Dezentralität über
Börsen zwischen Käufer und Verkäufer.

....

Smart Contracts sind digitale Verträge, die Regeln in die Blockchain einbauen (Blockcode); etwa dass bei einem Computerdrucker nach 100.000 Drucken eine Bonuszahlung für die lange Laufzeit fällig wird und automatisch abgebucht wird.

Der Vertragsabschluss und die Überprüfung der Vertragsdurchführung könnte somit automatisiert werden. Der Beratungsanteil eines Geschäftsmodells bleibt durch die Blockchain unangetastet. Allerdings können Digitalisierung, radikale Vereinfachung und künstliche Intelligenz auch die Beratung erheblich verändern.

Währungskrisen

Welches Geld ist sicher? Im Zeitraum 1970 – 2011 registrierte der Internationale Währungsfonds 218 Währungskrisen, 147 Bankkrisen und 66 Staatsverschuldungskrisen.

Es gibt eine Reihe anderer Verfahren, alternativ zur Blockchain, und auch die Blockchain selbst ist noch Gegenstand von Forschung und Entwicklung. Digitalgeld und digitale Verträge können mit Blockchain realisiert werden, aber auch mit anderen Technologien. Nicht einmal die Dezentralität ist zwingende Voraussetzung; sehr wohl können die verschiedenen Technologien auch für eine Digitalwährung genutzt werden, die zentral durch eine Bank gesteuert und überwacht wird. Es gibt nicht die eine Blockchain oder das ultimative Digitalgeld. Beides ist allein softwarebasiert und verfügt über enorme Freiheitsgrade in der Ausgestaltung.

Digitalgeld und digitale Verträge sind keine Modeerscheinung, sondern werden ein wichtiger Bestandteil der Digitalisierung und Automatisierung werden. Wie genau die technischen Grundlagen beschaffen sein werden und welche Konzepte sich durchsetzen werden, ist allerdings noch offen. Digitalgeld steht erst am Anfang einer langen Entwicklung mit manchen Auf- und Abwärtsbewegungen. Aber dies ist in der Geschichte des Bargelds nicht anders.

Digitale Identität

Identitäts- und Zugriffsmanagement, englisch Identity & Access Management (IAM), regelt zum einen die Identifizierung einer Person oder eines Gerätes für ein System, etwa durch eine Kennung und ein Passwort. Dies ist der Identity-Teil von IAM. Zum anderen muss diese Person bestimmte Zugriffsrechte erhalten und Gruppen zugeordnet werden, der Access-Teil. Letzteres ist meist der technisch kompliziertere Part. In der Vergangenheit war IAM vor allem ein Thema für das Sicherheitsmanagement von Mitarbeitern, allerdings verschärft sich die Lage seit einigen Jahren drastisch.

Denn zunehmend müssen Berechtigungen für Kunden und Lieferanten organisiert werden; darüber hinaus werden die Geräte mit Eigenintelligenz ausgestattet und müssen im Rahmen des Internet of Things (IoT) ebenfalls identifiziert und autorisiert werden.

....

Authentifizierung

Die Authentifizierung verifiziert die Identität eines Benutzers oder eines Geräts gegenüber einem System anhand bestimmter Merkmale, etwa einem Passwort.

....

Die Integration von IAM betrifft längst nicht mehr nur Großkonzerne. Selbst ein mittelständischer Betrieb kann im Internet Millionen von Nutzern haben oder ein Start-up-Unternehmen mit einem sicherheitsrelevanten IoT-Gerät an den Markt gehen. Das Thema IAM explodiert geradezu. Die betriebliche Lösung sind professionelle IAM-Systeme verbunden mit Automatisierung und

Self-Service. Offen ist, ob sich eines Tages ein globaler Rahmen für digitale Identitätssysteme entwickeln kann.

Aus Kundensicht sollte nur ein einziges Benutzerkonto für alle Systeme, Shops und andere digitale Zugänge erforderlich sein (Single Sign-On). Zugleich möchten Kunden, dass die Identifizierung so einfach wie möglich ist, ohne komplizierte Passwörter oder langwierige Registrierung.

Dem steht die Notwendigkeit gegenüber, die Identität eines Nutzers gegen Angriffe bestmöglich abzusichern und den Missbrauch wirksam zu verhindern. Tatsächlich sammelt jeder Einzelne eine Vielzahl von Benutzerkonten, so dass die heutige Situation mit der Sammlung von Kredit- und Kundenkarten im Portemonnaie vergleichbar ist. Ein professionelles IAM ist ein wichtiger Schritt, um die Lage zu verbessern und auch regulatorischen Anforderungen wie etwa dem Datenschutz zu genügen.

Um die Zusammenarbeit von Menschen im Beruf und Privatleben über System- und Anwendungsgrenzen hinweg zu vereinfachen, wäre ein universelles Identitäts- und Zugriffsmanagement hilfreich. Jeder Mensch hat eine einzige digitale Identität, die Schlüssel zu allen benötigten Systemen ist. Diesem Gedanken stehen eine Vielzahl von Interessen gegenüber.

Autorisierung

Ein System gewährt einer Person oder einem Gerät Rechte, die meist vorab über eine Rolle zugeordnet wurden.

Ein Unternehmen, das die digitale Identität eines Kunden „besitzt", nimmt gegenüber anderen Unternehmen, die diese Identität nutzen, eine Machtposition ein. Die Kontrolle über die digitale Identität von Kunden ist entsprechend umkämpft. Starke Positionen haben hier Facebook und Google. Die digitale Identität ist ein Schlüsselfaktor.

Compliance as Code

IT-Compliance umfasst die Einhaltung von Regeln in der IT: Gesetzliche Vorgaben, Richtlinien im Unternehmen oder vertragliche Vereinbarungen mit Kunden, Lieferanten und Mitarbeitern. Klassische Anforderungen stammen aus den Bereichen Informationssicherheit, Datensicherheit, Datenschutz, Dokumentenmanagement, Telekommunikation und Risikomanagement. Je stärker die IT in alle Lebensbereiche eindringt, desto umfangreicher wachsen die Compliance-Anforderungen, die abgedeckt werden müssen, beispielsweise Sarbanes-Oxley Act, PCI DSS, GLBA und Basel II.

Auch bei der IT-Compliance gilt: Die Verfahren werden soweit wie möglich automatisiert und Compliance systemimmanent in die Projekte und Prozesse eingebaut. Compliance-Regeln sind, soweit sie digitalisiert werden können, im Rahmen der Testautomatisierung bzw. im Produktivsystem zu prüfen. Mit Tools wie InSpec kann beispielsweise ein Systemaudit automatisiert durchgeführt werden – Compliance as Code.

Compliance-Vorgaben erhöhen nicht zwangsläufig die Qualität der Systeme, im Gegenteil, sie wirken der Härtung (Hardening) eines Systems unter Umständen sogar entgegen. Ein System zu härten, bedeutet die Entfernung aller Softwarebestandteile und Funktionen, die zur Erfüllung der vorgesehenen Aufgabe durch das Programm nicht zwingend notwendig sind. Je weniger Angriffsfläche ein System bietet, desto weniger kann es verletzt werden. Zusätzliche Anforderungen und Aufgaben aus der Compliance stehen dem Gedanken der Reduzierung entgegen. Im Idealfall tragen die Compliance-Vorschriften tatsächlich zur Qualitätsverbesserung der IT-Systeme bei. In jedem Fall bieten die Vorschriften und deren Befolgung allein keine Garantie für Sicherheit.

Security by Design

Sicherheit muss in das Gesamtkonzept – systemimmanent – integriert werden. Strukturell integrierte Sicherheit wird als Security by Design bezeichnet. Allerdings muss die IT-Sicherheit nicht nur in der Architektur, sondern auch in den Projekten von Anfang an integriert werden. Oft wird Security erst am Ende durchgeführt; gewissermaßen um die Anwendung auf Hochglanz zu bringen.

Darüber hinaus gilt es, die Mitarbeiter für „Social Engineering" zu sensibilisieren. Dabei versuchen die Angreifer, ein Unternehmen und deren Mitarbeiter gezielt auszuforschen und dazu zu bringen, bestimmte Handlungen – wie die Installation von Software oder finanzielle Überweisungen – zu tätigen.

IT-Sicherheit ist ein umfangreiches und vielschichtiges Thema geworden, welches sich nur noch durch entsprechende Expertenteams bewältigen lässt. Doch oft wird IT-Sicherheit als Stiefkind der IT betrachtet, das erst dann Aufmerksamkeit erhält, wenn die Sicherheit verletzt wird. Unzerbrechliche Systeme kann es aber nur dann geben, wenn IT-Sicherheit in die Gesamtstruktur der IT und eines Unternehmens integriert ist.

ZUSAMMENFASSUNG Kapitel 4

☆ Digitalgeld wird sich langfristig durchsetzen.
☆ Für die Blockchain-Technologie gilt das nicht unbedingt.
☆ IAM ist für Unternehmen wichtig und die globale digitale Identität wünschenswert, aber vielen Interessen unterworfen.
☆ IT-Sicherheit muss in die Gesamtstrukturen integriert werden.

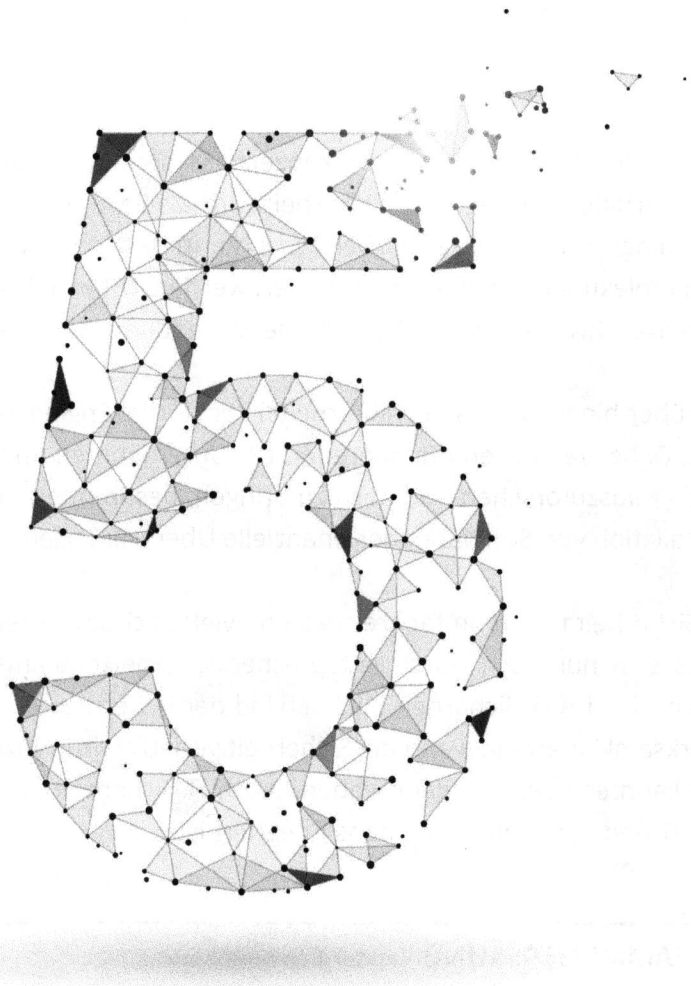

DESIGN
ODER NICHT
SEIN

Design oder nicht sein

Wer mit hoher Geschwindigkeit auf der Autobahn unterwegs ist, kann keine Betriebsanleitung für das Navigationsgerät lesen. Die Funktion eines Geräts muss intuitiv verständlich sein – ohne nachzudenken. Kunden, Mitarbeiter und Lieferanten stehen alle vor der Herausforderung, mit einer wachsenden Vielfalt und Zeitdruck umzugehen. Da bleibt keine Zeit, sich mit einer komplizierten Bedienung aufzuhalten oder langatmige Formulare auszufüllen. Intuitiv verständliches Design ist für ein Produkt ausschlaggebend geworden.

Aber nicht nur verständliches Design ist dabei maßgebend, sondern auch attraktives Design: Jeden Tag erreicht den Konsumenten eine Flut an Informationen und Werbebotschaften; überdies steht dem Verbraucher eine riesige Zahl von Produkten zur Auswahl. In diesem Meer an Möglichkeiten ist die beste Werbung für ein Produkt ein gut gestaltetes Produkt selbst.

Design ist für die digitale Welt noch essentieller, als dies für die klassische analoge Welt der Fall ist. Denn im Digitalen, der Welt von 0 und 1, verschwindet jede Form. Die Digitalisierung reduziert alles auf das Funktionale. Heinz Zemanek, Altmeister der österreichischen Informatik, hat es einmal treffend formuliert:

☆ **Der Computer schaut nicht aus.**

Elektronischen Bauteilen sieht man nicht an, ob sie für eine Shopping-App, eine Maschinensteuerung oder zum Telefonieren verwendet werden. Bei einem Fahrrad oder einer Uhr ist die Funktion schon aufgrund der Form ersichtlich. Im digitalen Kontext muss die Form erst wieder dazu gestaltet werden.

Auf technischer Ebene sind dies Standards, die eine Interpretation der Daten ermöglichen, die etwa aus 0 und 1 ein JPG-Bild bestimmen oder die Daten als Textdatei interpretieren. Auf einer anderen Ebene entscheidet das Design, wie ein Produkt von Menschen wahrgenommen wird. In der Anfangszeit der IT waren Computer umständlich zu bedienende Geräte für wenige Experten. Heute ist das Smartphone ein IT-Produkt für jedermann, und die Digitalisierung durchdringt immer mehr Bereiche. Der Computer schaut nicht aus, ein Apple schon.

☆ Design macht Digitales sichtbar und erlebbar.

Apple hat es wie kein zweites Unternehmen verstanden, aus einer einst trostlosen Computermaschine ein ästhetisches und benutzerfreundliches Lifestyle-Produkt zu kreieren, welches das Unternehmen zur wertvollsten Marke der Welt avancieren ließ. Dabei überzeugt Apple nicht nur mit der unverwechselbaren Designsprache der Hardware: Auch das Software-Design ist in Ästhetik, Cleverness und Usability eben „typisch Apple". Auf diese Weise stellte der Siegeszug der Apple Design-Ikonen über den Lauf der letzten Jahrzehnte prägenden Wegweiser für eine gesamte Branche dar.

☆ Gutes Design steigert den Markt- und Markenwert.

Wie das Beispiel Apple zeigt, ist Design somit nicht nur ästhetisch relevant, sondern beeinflusst auch Markenwert und Profitabilität. So wuchs der Design Value Index, ein Aktienindex aus einem Portfolio designorientierter Unternehmen, zwischen 2005 und 2015 um 211 Prozent gegenüber dem US-Leitindex S&P 500, wie eine durch das Design Management Institute in Boston durchgeführte Studie aufzeigt.

The Making of Digital ist daher auch ein Making of Design. Während die Grenzkosten Richtung Null tendieren, nehmen die Aufwendungen für Entwicklung und Gestaltung enorm zu. Designkompetenz muss entsprechend in die Organisation integriert werden. Dies macht es erforderlich, sich intensiver mit einigen Kernaspekten von Design zu beschäftigen.

Der menschliche Faktor

Der Mensch ist in seiner Funktion nicht digital und logisch, sondern analog und biologisch. Entgegen der weitläufigen Meinung handelt der Mensch somit weniger rational als vielmehr emotional. Selbst unter Belastung soll der Mensch dabei zuverlässig agieren und sinnvoll entscheiden. Die Herausforderung ist, diese menschlichen Faktoren in der Produktentwicklung von Anfang an zu berücksichtigen. User Centered Design ist der Schlüssel dazu. Nicht nur Ästhetik, sondern auch Gebrauchstauglichkeit und Sicherheit liegen hierbei im Fokus.

Der menschliche Faktor, fachsprachlich Human Factor(s), stellt in der Luftfahrt den größten Risikofaktor dar. Etwa 75 Prozent der Flugzeugunfälle gehen auf menschliches Versagen zurück, zu einem Großteil auf Probleme in der Mensch-Maschine-Interaktion. Die Sicherheit im Flugverkehr hängt somit essentiell von der fehlerfreien Bedienung der Technik ab. Ein Pilot darf keine Fehler machen. Insofern ist es überlebenswichtig, dass das Design von Hard- und Software explizit zur Fehlervermeidung beiträgt, anstatt Fehler zu provozieren. Boeing beschäftigt deshalb seit den 1960er Jahren Experten für Human Factors.

Während sich Security by Design in der IT primär auf den Schutz der Systeme bezieht, geht es in der Luftfahrt bei der Human Factor Integration (HFI) um den Menschen. Damit dieser reibungslos mit komplexen Systemen interagieren kann, ist ein tiefes Verständnis menschlichen Verhaltens erforderlich. HFI arbeitet iterativ über den gesamten Lebenszyklus eines Produkts, Software-Entwicklung dagegen traditionell phasenorientiert und auf das Produkt fokussiert. Dank des Wandels zum agilen Software-Management nähern sich beide an, so dass auch in der Software-Entwicklung zunehmend der Mensch berücksichtigt wird.

Gutes Design

Was macht gutes Design aus? Gutes Design entspringt weniger künstlerischem Geschmack, als vielmehr konkreten Kriterien der Ergonomie und neuro-kognitiven Psychologie. Lediglich die Frage, welche Art von Design bevorzugt wird, ist „Geschmackssache", also eine Frage der Zielgruppe. Ein Porsche 911 und ein Mini Cooper weisen beispielsweise jeweils professionelle Design-qualität auf, fokussieren sich jedoch von der Designsprache auf unterschied-liche Käufer. Designqualität ist objektivierbar.

☆ **Der erste Eindruck hat keine zweite Chance.**

Gutes Design führt interdisziplinär Kenntnisse aus verschiedenen Bereichen wie Neuroästhetik, Wahrnehmungspsychologie, Ergonomie und Technik in einem Gestaltungsprozess zusammen. Neben dem ästhetischen Wert ste-hen dabei vor allem Bedienfreundlichkeit (Usability), Nutzererlebnis (User Experience) und Nutzerfreude (Joy of Use) im Mittelpunkt. Für komplexe Designentwicklungen wie im Automobilsektor sind entsprechend vielfältige Expertenteams aus unterschiedlichsten Designdisziplinen erforderlich.

Durch Design wird Nutzung in Gestaltung übersetzt und so für den Menschen verständlich, greifbar und erlebbar. Sicherlich haben Sie sich auch schon ein-mal an einer sogenannten ‚Norman Door' versucht. Die Norman Door, nach dem Usability-Experten Donald Norman benannt, ist eine Tür, deren Design darüber verwirrt, wie sie zu öffnen ist. Gutes Design verhindert dies. Und zwar auf sehr subtile Weise. Bei einer gut designten Tür müssen Sie erst gar nicht nachdenken, ob Sie ziehen oder drücken sollen. Hier wird gutes Design in sei-ner Selbstverständlichkeit gar „unsichtbar". Und dies ist nur ein anschauliches

Beispiel dafür, dass gutes Design durch sehr konkrete Kriterien definiert werden kann. In jüngerer Zeit hat vor allem auch die neurokognitive Psychologie aufschlussreiche Erkenntnisse zum Verständnis menschlicher Wahrnehmung beigetragen. So können die kognitiven Vorgänge im Gehirn einer Testperson heute live sichtbar gemacht werden; dies erfolgt beispielsweise, während der Proband ein Produkt betrachtet oder erprobt. Menschen können Entscheidungsprozesse nur begrenzt rational reflektieren, schon gar nicht in Sekundenschnelle. Gehirnanalyseverfahren identifizieren die typische Aktivitätsmuster und können so Rückschlüsse auf deren Bedeutung ziehen.

....

Grundwerte guten Designs

☆ **Faszination**
Gutes Design ist innovativ und macht neugierig.

☆ **Emotion**
Gutes Design wirkt auf der Gefühlsebene und erweckt Vertrauen.

☆ **Ästhetik**
Gutes Design basiert auf Kriterien der neurokognitiven Wahrnehmung.

☆ **Identität**
Gutes Design ist authentisch, glaubwürdig und wiedererkennbar.

☆ **Funktion**
Gutes Design ist zweckmäßig, ergonomisch und sicher.

☆ **Einfachheit**
Gutes Design ist selbsterklärend und komfortabel in der Bedienung.

☆ **Wertigkeit**
Gutes Design ist zeitlos, nachhaltig und qualitativ exzellent.

....

Auf diese Weise werden neurowissenschaftliche Methoden genutzt, um Emotionen eines Menschen darstellbar und messbar zu machen. Neurodesign und Neuromarketing sind ein neuer Weg, um dem Menschen so nahe wie nur irgend möglich zu kommen. Gehirnanalysen zeigen zuverlässiger als andere Verfahren, welche Filmsequenz am meisten Wirkung hervorruft, welche Produktdarstellung als attraktiver wahrgenommen wird oder welches Stresslevel eine fehlerhafte Objekt-Funktion bei einer Testperson hervorruft.

Insbesondere Gesichter weisen ein hohes neuronales Reaktionspotential auf; im Positiven wie Negativen. So zeigen Uhren auf Werbefotos häufig 10:10 h an, weil dies auf unbewusster Ebene an ein lachendes Gesicht erinnert und somit mehr zum Kauf animiert als 8:20 h. Auch die Designerin Susan Kare gab in den 1980er Jahren Apple Macintosh-Computern buchstäblich ein Gesicht, indem sie das Icon eines lächelnden Computers entwickelte, das dem User fortan den erfolgreichen Start des Betriebssystems anzeigte und auf diese Weise einer schnöden Rechenmaschine quasi eine Seele und Persönlichkeit einhauchte.

Das folgende Beispiel aus der Welt der Typographie demonstriert, weshalb die Fokussierung auf die menschliche Wahrnehmung das zentrale Thema guter Gestaltung ist: So führt ein geometrisch identischer Abstand zwischen den Buchstaben eines Wortes nicht unbedingt auch zum optischen Eindruck identischer Abstände. Da die individuellen Buchstabenformen unterschiedlich viel Weißraum für sich beanspruchen, lassen identische Abstände das Schriftbild unruhig und unregelmäßig wirken. Ein optischer Schriftweitenausgleich gleicht jedoch die Abstände nach Kriterien der menschlichen Wahrnehmung aus und erhöht dadurch Ästhetik und Lesbarkeit gleichermaßen. Gute Form und gute Funktion ergänzen einander. Beide sind Indikator für die optimale Interaktion mit den kognitiven und ergonomischen Anforderungen des Menschen.

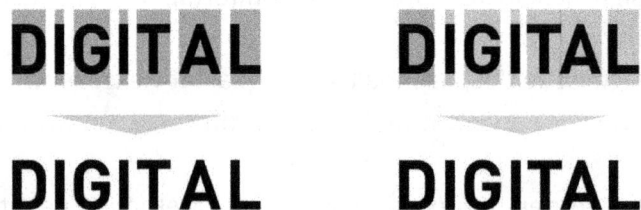

DIGITAL   **DIGITAL**

DIGITAL   **DIGITAL**

Links sind die Abstände zwischen den Buchstaben geometrisch einheitlich ausgerichtet, sehen jedoch im Endergebnis unregelmäßig aus. Rechts sind die Abstände nach der menschlichen Wahrnehmung ausgeglichen. Hochwertige Fonts weisen eine solche Optimierung bereits herstellerseitig aus.

Dialogisches Prinzip

Sehen wir uns hier die Arbeitsweise von Designern im Automobilbau an, einer der professionellsten Branchen für hochentwickeltes Industriedesign.

Zu Beginn legen die Bereiche Unternehmensstrategie, Technik, Vertrieb und Design gemeinsam Produktstrategie, Modellcharakteristika, Formensprache und Packageplan (bauliche Eckdaten) für eine zukünftige Modell-Familie fest.

Darauf aufbauend werden Moodboards und erste Designideen entwickelt. Diese Ideen werden sodann in dreidimensionalen Modellen konkretisiert, wahlweise in realen oder virtuellen Modellen. Digitale Realitäten und foto-realistische Darstellungen an großen Videowänden stellen das zukünftige Fahrzeug in dem folgenden Prozeß aus verschiedenen Perspektiven, in unterschiedlichen Dynamiken und variablen Umgebungen dar. Dies ermöglicht eine rasche erste Beurteilung. Aus CAD-Daten wird schließlich ein erstes reales 1:1-Modell gefräst, das sogenannte Clay-Modell. Clay (englisch für Ton) ist ein spezielles Industrieplastilin. Auch im digitalen Zeitalter ist die „analoge" Clay-Modellierung hilfreich, um Proportion, Linienführung und Lichtflächen unter realen Bedingungen exakt zu beurteilen und manuell weiterzuentwickeln. Die Zwischenergebnisse werden wiederum mit 3D-Scannern digital rückübertragen und am Computer weiterverarbeitet. Dieses iterative Vorgehen kann bis zum sogenannten Design Freeze beliebig wiederholt werden. Erst dann beginnt die technische Konstruktion.

Auf diese Weise treten analoge und digitale Prozesse in eine Wechselbeziehung. Das wiederholte Durchlaufen aller Arbeitsschritte ist die handwerkliche Basis zur Designperfektion. Dies kann möglicherweise bedeuten, ein Teilergebnis zu verwerfen und einen Schritt zurückzugehen oder sogar gänzlich neu anzufangen. Auf diese Weise entsteht ein erster Designprototyp, ein so genanntes Concept Car. Dieses weist zumeist exemplarisch auch bereits funktionstüchtige technische und digitale Designraffinessen auf. Erst im Anschluss wird aus diesem Prototyp unter Kostenkriterien ein Serienfahrzeug entwickelt und unter Realbedingungen getestet.

Je nach Unternehmen und Fahrzeugmodell variiert dieser Arbeitsprozess, folgt in der Quintessenz jedoch dem dialogischen Prinzip: Der schrittweisen Verfeinerung und Verbesserung im iterativen Wechsel von analogem Modell und digitaler Simulation. Schritt für Schritt. Auf diese Weise entsteht ein ästhetisches und hochfunktionales Produkt, das unabdingbar auf menschliche Ergonomie und Wahrnehmung optimiert ist; in all seinen analogen und digitalen Funktionen.

Besonders in der Innovationsentwicklung erfordert das Hinwirken auf ein bestmögliches Ergebnis neben der Erfahrung und dem Know-how des Design-Teams auch Zeit und gedankliche Freiräume. Der dazu gehörende kreative Prozess eines Unternehmens ist der routinierte iterative Prozess.

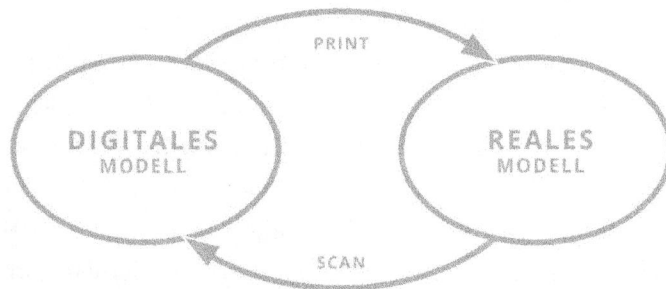

Wechselspiel zwischen digitalem und realem Modell

Designprozesse sind ein Dialog zwischen Mensch und Produkt, im Wechselspiel mit analogen und digitalen Werkzeugen. Diese iterative Vorgehensweise hat große Ähnlichkeit mit der agilen Softwareentwicklung, wie auch der Lean Start-up-Methode, und umfasst bis zu mehreren Dutzend Iterationen.

Radikal einfach

Der Berater Steve Krug schrieb im Jahr 2000 ein brillantes Buch. Genau genommen ist der Titel des Buches unglaublich genial. Es heißt „Don't make me think". Dies fasst nicht nur den Buchinhalt perfekt zusammen – ganz im Sinne des Buches versteht man auch sofort, was gemeint ist. Wer den Buchtitel verstanden hat, braucht den Rest des Buches fast nicht mehr zu lesen.

Ein perfektes Beispiel für radikale Einfachheit ist die Eingabemaske von Google. Ein simples Feld, und es erschließt sich die gewaltige Vielfalt des Internets. Einfacher kann man ein Formular nicht gestalten. Im Hintergrund arbeitet eine gigantische IT-Maschinerie mit den größten Rechenzentren und spezialisierter Software. Make it simple – perfekt umgesetzt.

☆ **Mache die Dinge so einfach wie möglich, aber nicht einfacher.**
Albert Einstein

Nutzer von Smartphones sind es gewöhnt, unkompliziert auf Knopfdruck zu surfen, zu kommunizieren und zu kaufen. Klappt es nicht sofort, wechselt man rasch zum nächsten Online-Shop. Einfachheit ist umsatzrelevant. Ebenso genial einfach ist das Tinder-Prinzip, jedenfalls die Technik. Bei der Dating-App Tinder werden die interessanten Gesichter nach rechts und die anderen nach links geschoben – wisch und weg. Der wichtigste Mechanismus von Facebook ist ein einfacher Button: Like. Der Mensch sucht Anerkennung und Facebook bedient dies perfekt. Soziale Wesen kommunizieren und dafür steht gleich das nächste Produkt: WhatsApp. Ein entscheidender Erfolgsfaktor auch hier: Einfachheit. Die Digitalisierung selbst, die Abbildung auf 0 und 1, ist von größter Einfachheit. Weniger geht nicht, weniger wäre 0, also nichts.

Eine komplexe Sache einfach anmuten zu lassen, erfordert jedoch Können, Cleverness und großen Aufwand. Es erscheint paradox, dass die Entwicklung von Einfachheit schwierig und mühselig ist. Ein Smartphone bedienen kann fast jeder ohne Anleitung, aber dahinter stecken Heerscharen an Entwicklern.

☆ **Einfachheit ist die höchste Form der Raffinesse.**
Leonardo da Vinci

Es gibt einige Begriffe, die das Prinzip der Einfachheit beleuchten:

☆ **KISS**: Keep it simple & stupid.
☆ **YAGNI**: „You Aren't Gonna Need It" („Du wirst es nicht brauchen").
☆ **Think big, start small.**
☆ **MVP**: Minimal Viable Product, das minimal funktionierende Produkt.
☆ **Lean Start-up**: Prototyp statt Businessplan.
☆ **Lean Production**: Die Beseitigung von Verschwendung. Dies wurde unter „Lean Thinking" als generelle Methode weiterentwickelt.

Sie alle beschreiben das geflügelte Wort: Weniger ist mehr!

Die „Featuritis", die Tendenz immer noch mehr Funktionen einzubauen, führt zu Anwendungen, welche vollgestopft mit Feldern und Funktionen sind. Manche Projekte scheitern daran. Für diese Art von Software hat sich der Begriff „Bloatware" eingebürgert: zu viele Features, zu unübersichtlich oder gar unnütz. Der Kunde verliert irgendwann die Lust – „Feature Fatigue"; denn ein Mensch kann nur etwa sieben Dinge auf einmal erfassen (Millersche Zahl).

Software-definierte Produkte (Losgröße kleiner 1) passen das Produkt an die jeweilige Person und deren Bedarf an. Dadurch wird der Spagat zwischen Einfachheit und Flexibilität verringert. Das Konzept ‚Universal Design' strebt darüber hinaus eine Gestaltung von Produkten und Systemen an, die möglichst allen Menschen die Nutzung flexibel und ohne weitere Anpassung in unterschiedlichsten Situationen ermöglicht. Auch Menschen mit Einschränkungen können die Produkte unkompliziert nutzen (barrierefrei).

DESIGN ODER NICHT SEIN

Für eine Funktion oder einen Prozess sollten wir uns also die folgenden Fragen stellen:

☆ Besteht wirklich die Notwendigkeit?
☆ Ist eine einfachere Gestaltung möglich?
☆ Kann wenigstens für den Kunden Einfachheit realisiert werden?

Bevor man einen komplizierten und schlechten Prozess digitalisiert, sollte der Prozess noch einmal überdacht werden. Sonst wird aus einem schlechten analogen Ablauf nur ein schlechter digitaler Ablauf.

Nie war das Angebot an Dienstleistungen und Produkten größer als heute. Die Gestaltung von Einfachheit entscheidet immer mehr über den Erfolg eines Produkts oder gar den eines Unternehmens. Google wurde durch das Prinzip Einfachheit zu einem der größten Konzerne der Welt.

Steve Krug schrieb sein Buch „Don't make me think" zwar für die Gestaltung von Websites, die Bedeutung des Buchtitels geht aber weit über Webgestaltung hinaus.

ZUSAMMENFASSUNG Kapitel 5

☆ Design ist für die digitale Welt elementar, weil diese selbst keine Gestalt hat.
☆ Der menschliche Faktor ist Grundlage für intuitive Bedienbarkeit.
☆ Design vermittelt zwischen Mensch und Produkt, zwischen realer und digitaler Welt.
☆ Gutes Design umfasst sieben Grundwerte.
☆ Designqualität ist anhand wissenschaftlicher Maßstäbe objektivierbar.
☆ Gutes Design steigert den Markt- und Markenwert.
☆ Der Schlüssel zu guter Designqualität ist Iteration.
☆ Einfach ist nicht einfach.
☆ Don't make me think.

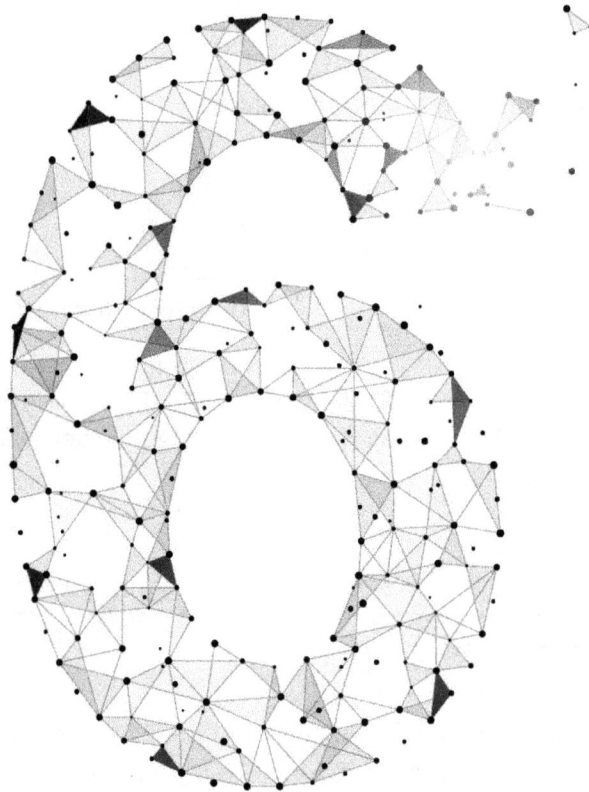

HOMO DIGITALIS

Homo Digitalis

Was ist das zentrale Erfolgsgeheimnis von ‚dm-drogerie markt', dem größten Drogeriekonzern Europas? Die Marke hat schöne Filialen, günstige Preise und freundliche Mitarbeiter. Natürlich hat dm auch eine leistungsfähige IT. Aber das alles ist nicht das Erfolgsgeheimnis, sondern nur ein Ergebnis davon.

„Hier bin ich Mensch, hier kauf ich ein" ist der Slogan von dm, und das ist auch so gemeint. Im Selbstverständnis von dm kaufen in den Filialen in erster Linie Menschen ein und erst in zweiter Linie Kunden.

„Menschlichkeit" ist kein neues Erfolgsrezept und sicherlich auch nicht das einzige, aber es ist ein sehr erfolgreiches. Aus einer Kultur der Menschlichkeit erwächst eine starke Kundenbindung, die in der flüchtigen Digitalwelt kaum aufzuwiegen ist. Ein Computerprogramm anstelle eines Menschen ist nicht kundennäher, sondern im Gegenteil, es entfernt ein Unternehmen zunächst von seinen Kunden. Der Mensch ist auch keine technische Maschine, sondern ein biologisches, soziales Lebewesen.

☆ **Es erscheint zunächst paradox, dass der technologische Fortschritt eine intensive Beschäftigung mit dem Menschsein erfordert.**

Die IT fristete lange Zeit ein Nischendasein in großen Maschinenräumen. Mit dem PC hat die IT erstmals Menschen privat erreicht. Heute durchdringt sie mehr und mehr alle Lebensbereiche. Menschen beginnen, sich auf Schritt und Tritt selbst mit digitalen Tools zu überwachen und jede Aktivität zu erfassen. Auf der anderen Seite durchforsten Google, Facebook, Amazon und Co. ihre Datenbanken, um so individuell und so relevant wie möglich, Angebote auf den einzelnen Menschen hin maßzuschneidern. Die digitale Technologie bewegt sich unaufhaltsam auf den ganzen Menschen zu.

Was im Industriezeitalter die Rationalität war, ist im Informationszeitalter die Emotionalität. Lange Zeit hat sich der Mensch an seine Umwelt und an die mit der Industrialisierung verbundenen Technologien angepasst. Jetzt nähert sich der technische Fortschritt dem Menschen und seinem ganzen Wesen – mit großen Chancen ebenso wie mit Risiken.

Das Faszinierende ist, dass die zunehmende Ausbreitung der Digitalisierung den Menschen in den Mittelpunkt rückt.

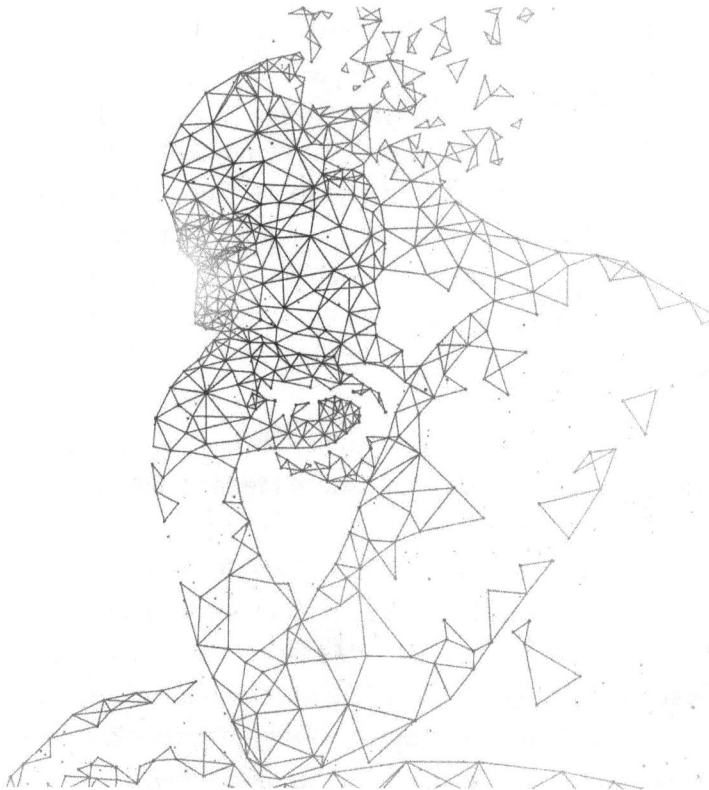

Das Prinzip Mensch

In der Beziehung Mensch zur Maschine hat sich anfangs der Mensch an die Maschine angepasst. Aber je leistungsfähiger die Systeme werden, desto mehr werden die Maschinen an den Menschen angepasst. Der Mensch wird als biologisches, emotionales Wesen verstanden und in seinem individuellen Kontext bedient.

Unter ‚Natural User Interface' werden Schnittstellen verstanden, die dem natürlichen Benutzer entgegenkommen:

☆ **Aktiv**: Sprache, Berühren, 3D-Gesten, Bewegung
☆ **Passiv**: Emotionen und Stimmungen, Mimik, Körpereigenschaften wie Fingerprint oder Körperzustand wie Blutdruck

Wieder geht es darum, es so einfach wie möglich zu machen: Don't make me think. Besonders das gesprochene Wort ist dank Künstlicher Intelligenz auf dem besten Weg, eine zentrale Schnittstelle zu werden.

☆ **Nicht der Mensch soll sich an die Maschine anpassen, sondern die Maschine an den Menschen.**

Für die Ein- und Ausgabe werden immer mehr Komponenten verwendet, die möglichst nahe am Menschen sind und sich so weit als möglich anpassen, wie zum Beispiel:

☆ **Eingabe**: Tracker, Sensoren, Kamera, Mikrofon, Touchscreen
☆ **Ausgabe**: Aktoren, Smartglasses, Smartwatch, digitale Realitäten

Das Brain-Computer-Interface (BCI) verschränkt natürliche Gehirnaktivitäten mit künstlicher Intelligenz. Die Neuroanalyse nimmt Gehirnströme auf und wertet sie aus. Noch sind die Messmöglichkeiten relativ unkomfortabel und ungenau. Doch ist es bereits möglich, aus den im EEG gemessenen Gehirn- aktivitäten Wörter oder Bilder auszulesen, an die ein Proband gerade denkt (Mind Reading). Die Messwerte können darüber hinaus gespeichert oder zur Steuerung von Geräten verwendet werden.

Human-Machine Interface (HMI)

Je stärker die Verbindung zwischen Mensch und Maschine wird, je mehr intelligente Geräte in den Alltag integriert werden, desto größer werden die Ansprüche an die Mensch-Maschine-Schnittstelle. Die Herausforderung besteht sowohl in der Vielfalt von Menschen und intelligenten Systemen als auch in der sich daraus ergebenden Komplexität. Design, Technik und Kognitionspsychologie spielen dabei eine wesent- liche Rolle und beeinflussen maßgeblich das Nutzererlebnis (User Experience).

Interface Design gestaltet die Bedienschnittstelle zwischen Mensch und Produkt. Über Computer hinaus bezieht sich Interface Design auch auf andere Bedienschnitt- stellen und ganze Arbeitsplätze, wie etwa den vielgestaltigen Fahrerplatz im Auto.

Interaction Design (IxD) gestaltet den Kommunikationsprozess zwischen Mensch und Maschine. Häufig sind Interface Design und Interaction Design eng verzahnt.

Human-Computer Interaction (HCI) fokussiert auf die Kommunikation zwischen menschlichen Benutzern und software-basierten Anwendungen.

Brain-Computer Interface (BCI) stellt die direkte Verbindung zwischen Gehirn und Computer dar, so dass sich dieser mittels Gehirnwellenaktivitäten steuern lässt.

Brain-Brain Interface (BBI) überträgt Gedanken als digitalisierte Messwerte mit- tels Neurotechnik wie etwa Magnetstimulation in das Gehirn einer anderen Person.

Ausgerechnet die Digitalisierung macht es notwendig und bietet zugleich die Möglichkeit, den Menschen selbst wahrzunehmen und auf ihn einzugehen. Neben den biologischen Vorgängen kann auch das Verhalten und Denken eines Menschen vermessen werden.

Das digitale Ebenbild wird aus biologischen und sozialen Daten erschaffen. Medizinische Operationen können am digitalen Zwilling getestet und vorbereitet werden. Das Monitoring der eigenen Person schafft beständiges Optimierungspotential. Der Mensch wird erfasst und ausgewertet wie ein Gerät: Und dennoch nähert man sich dadurch dem Menschen.

☆ **Human-Centered Digitalisation**

Den Menschen wie ein Gerät auszuwerten, hat aber nichts mit dem Versuch zu tun, den Menschen wie eine Maschine zu betrachten, etwa das Gedächtnis irreführenderweise mit einer Festplatte zu vergleichen. Der Mensch wird schließlich als Mensch erfasst. Der Erkenntnisgewinn geht viel tiefer und berührt die Frage, was einen Menschen überhaupt ausmacht.

☆ **Vom Internet of Things zum Internet of Humans**

Die Lebensvorgänge eines Menschen produzieren eine Vielzahl von potentiellen Messwerten in jeder Sekunde. Auf einer Plattform können die Daten vieler Menschen zusammengeführt und verglichen werden. Krankheiten werden errechnet, bevor sie entstehen. Das Internet of Humans wird eine eigene Geschichte schreiben und weit über das hinausgehen, was wir heute als Social Media mit Facebook, WhatsApp und Twitter kennen. Diese umfassende digitale Erfassung des Menschen, sein digitaler Zwilling, sprengt aber auch massiv den heutigen Rahmen personenbezogener Daten und deren Schutz.

Wieder einmal sind zwei gegenläufige Entwicklungen zu erwarten: Einerseits wird der Computer immer mehr aus dem Blickfeld verschwinden und unsichtbar seinen Dienst – sofort, überall und für jeden – verrichten. Andererseits werden Roboter, vom einfachen Rasenmäh-Roboter bis zum Service-Humanoiden, im Alltag mit Menschen kooperieren. Der Roboter in der Fabrik sowie in Büro und Haushalt wird wie ein Haustier dazu gehören. Winzige Nanoroboter werden im Körper Medikamente direkt an den betroffenen Stellen verabreichen, und Gelähmte werden durch Exoskelette laufen können. Der Homo Digitalis ist umgeben von einer digitalisierten Umwelt, die sich möglichst perfekt an ihn anpasst.

Human Insights

Human Insights bzw. Customer Insights verhelfen zu vertieften Einsichten in die wahren Beweggründe und Bedürfnisse von Kunden. Der Kunde als Mensch wird dabei zum Zentrum aller Überlegungen. Das Insight Management führt die daraus gewonnenen Daten und Erkenntnisse zusammen und leitet aus deren Analyse Handlungsempfehlungen ab. Auf diese Weise können entsprechende Prozesse für eine erfolgreiche Customer Journey gesteuert werden.

Was passiert, wenn die digitale Welt jeden Wunsch von entsprechenden Daten ablesen kann? Was geschieht mit Menschen, wenn jeder Wunsch sofort erfüllt wird? Wie leben wir in einer perfekt auf den Einzelnen abgestimmten individualisierten Welt? Lebt jeder nur noch in seiner egozentrischen Wunschblase, unter einer Wellness-Glocke? Ist der Narzisst das Modell der Zukunft? Zersplittert die Gesellschaft oder ist der Netzwerkeffekt die stärkere Kraft? Kommen wir mit der realen Welt noch zurecht? Können wir noch unterscheiden, ob wir in einer virtuellen Welt mit Undo-Funktion leben oder unwiderruflich in der analogen Welt zur Tat schreiten müssen? Gebrauchen wir die neuen Möglichkeiten, um dem Menschen wirklich zu helfen, oder werden Menschen damit manipuliert oder gar zerstört? Fragen, die nicht mit Technologie zu beantworten sind, sondern von jedem Einzelnen und der Gesellschaft als Ganzes.

Manches, was einst Science Fiction-Literatur war, wird in naher Zukunft Realität. Die Herausforderung ist nicht mehr, den Menschen an die IT anzupassen, sondern in einer digitalisierten Welt Mensch zu bleiben.

User Experience

Denken Sie an ein Wiener Kaffeehaus in einem historischen Jugendstil-Gebäu-de mit großen Rundbogenfenstern, dem betörenden Duft von frisch gemah-lenem Kaffee, einer goldumrahmten Theke mit den vielfältigsten Pralinées, saftigsten Krapfen und köstlichsten Kuchen, die man sich nur vorstellen kann. Ein Sinnesrausch an Eindrücken entfaltet sich vor Ihnen. Herzlichkeit heißt Sie als Gast willkommen und sobald ein lieblich-herbes Mokka-Aroma ihre Lippen benetzt, empfinden Sie einen Augenblick des perfekten Glücks.

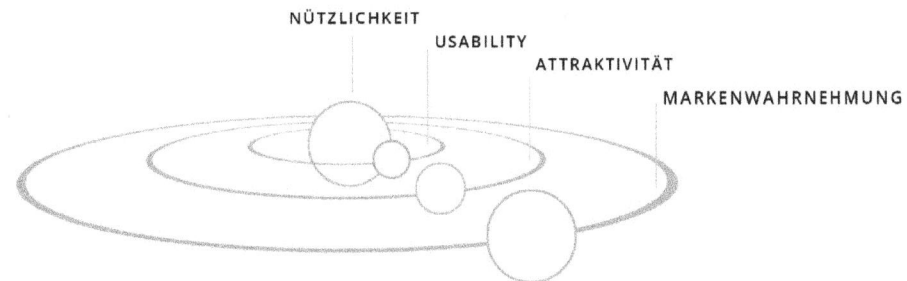

User Experience nach Nielsen Norman Group (Donald Norman)

Eigentlich ist es nur ein ganz kleines Erlebnis, aber eines, das Sie Ihr Leben lang nicht mehr vergessen werden. Das ist gelungene User Experience. Ge-lungene User Experience verankert sich fest als positive Emotion in unserem Gehirn und prägt somit auch ein Markenbild. Auf diese Weise schaffen Unter-nehmenskulturen Rahmenbedingungen, die zunächst mit der Digitalisierung nichts zu tun haben, die aber eine wesentliche Basis bilden. Um Ihren Hun-ger zu stillen, hätten Sie sicherlich auch im nächstgelegenen Supermarkt eine Dose Ravioli kaufen können, aber der entscheidende Unterschied ist das Er-lebnis. Ein Erlebnis, das Millionen von Touristen in eine Stadt wie Wien lockt.

Die ‚Customer Journey' ist der Prozess von der ersten Kontaktaufnahme über den Kaufprozess bis hin zum Ende der Nutzung eines Produkts oder Dienstes. In der Customer Journey werden alle Kontaktpunkte (Touchpoints) mit dem Unternehmen bzw. mit den Produkten dargestellt, analysiert und optimiert. Entscheidend ist, dass die Unternehmensprozesse durch die Betrachtung der Customer Journey am Kunden ausgerichtet werden.

Was ist Bedarf und was ist Bedürfnis?

Der Slogan „Freude am Fahren" von BMW ist mehr als eine Atmosphäre des Wohlfühlens. Es ist ein Versprechen, das eigentlich beschwerliche Fahren zu einem Vergnügen zu machen. Und so sorgen nicht nur Ingenieure für Fahrkomfort und Sicherheit, sondern auch eine Armada an Designern, Material-, Sound-, Usability- und Ergonomie-Experten für das möglichst perfekte Rundumerlebnis.

Die verschiedenen Marken der BMW Group wie BMW, MINI und Rolls Royce fokussieren dabei auf unterschiedliche Zielgruppen, die jedoch alle einen gemeinsamen Nenner haben: Die Produkte stehen im Kontext der jeweiligen Erlebniswelt und korrespondieren mit ihr in vielfältiger Weise. Damit decken die Produkte mehr ab als nur einen Bedarf an Mobilität.

Der Rolls Royce vor der Garage ist kein Bedarf. Um von A nach B zu kommen, genügt fast jedes Kraftfahrzeug. Wer den Bedarf deckt, bekommt zufriedene Kunden. Glückliche Kunden, ja Fans, bekommt nur derjenige, dem es gelingt, ein Bedürfnis zu befriedigen. Trendmarken wie Apple erreichen diese Bedürfniswelt ihrer Kunden.

Ein Shop deckt zunächst einen Bedarf. Die digitalen Techniken wie Monitoring, Testung und Auswertung bieten eine Fülle an Werkzeugen, um Angebote attraktiv und maßgeschneidert anzubieten. Ziel ist es, emotionale Erlebnisse in die digitale Welt zu transformieren, um die Bedürfniswelt des Kunden zu erreichen. Analog zur Bedarfserfüllung spricht man von Usability (Bedienfreundlichkeit), wenn die Bedienung einer Software effizient und effektiv gestaltet ist und dem Nutzer nicht negativ auffällt. Bedürfnisbefriedigung dagegen entspricht der User Experience (Nutzererlebnis, als UX abgekürzt). UX erweitert die Usability in einem ganzheitlichen Ansatz, um emotionale und ästhetische Elemente, die dem Nutzer Freude (Joy of Use) und positive Erlebnisse schenken. Die Software wird zum ‚Must-have'. Die Schlüsselelemente hierfür sind wiederum die sieben Grundwerte guten Designs: Faszination, Emotion, Ästhetik, Identität, Funktion, Einfachheit und Wertigkeit.

Auch wenn sich Filialunternehmen heute im Wettbewerb gegenüber digitalen Lieferanten einer großen Herausforderung ausgesetzt sehen, so haben sie doch einen entscheidenden Vorteil: Sie können ein erlebnisreiches Ambiente mit persönlicher Beratung bieten, und Sinne wie Haptik, Geschmacks- und Geruchsnerven ansprechen, deren Stimulierung im Digitalen so bis dato nur

....

Buyer Personas

sind Steckbriefe idealtypischer Kundentypen (Archetypen). Sie helfen, die echten Motive und Entscheidungsgründe von Interessenten und Kunden zu verstehen.

Touchpoint

oder auch Point of Contact bezeichnet jede Kontaktstelle zu Kunden, aber auch zu Lieferanten und Mitarbeitern. Ein Touchpoint kann der Klick in einer App, ein Kontoauszug, ein Kundenberater, eine Filiale oder eine Telefonnummer sein.

Endpoint

ist ein Endgerät wie das Smartphone, es kann aber auch eine Softwarefunktion sein. Vormals wurden Endpoints auch als Client bezeichnet.

Customer Experience Management

ist die Weiterentwicklung von Customer Relationship Management (CRM), um Interessentenkontakte schon im Vorfeld zu identifizieren und um auf das emotionale Erleben aus Sicht und Aktivität des Kunden stärker einzuwirken.

....

Kunden- und Nutzertypologie

Um die Bedürfnisse von Kunden besser zu verstehen und die passenden Zielgruppen zu identifizieren, werden diese nach unterschiedlichen Kriterien segmentiert, die da beispielsweise sein können:

☆ **Soziodemographische Segmentierung**
Aufgrund soziodemografischer Daten wie Alter, Geschlecht, Einkommen, Bildung und Lebensweise werden entsprechende Zielgruppen gebildet. Die sogenannten Sinus-Milieus etwa gruppieren sich je nach Grundorientierung und sozialer Lage u. a. in Digitale Kosmopoliten, Performer, Traditionelle und Postmaterielle.

☆ **Psychografische Segmentierung**
Die Sozialpsychologie strukturiert die Grundmotive eines Menschen nach dem OCEAN-Modell in fünf Dimensionen („Big Five"):
    ☆ Openness (Offenheit)
    ☆ Conscientiousness (Gewissenhaftigkeit)
    ☆ Extraversion (Geselligkeit)
    ☆ Agreeableness (Verträglichkeit)
    ☆ Neuroticism (Verletzlichkeit)

☆ **Handlungsorientierte Segmentierung**
Zalandos Analyse des Kaufverhaltens und der Social-Media-Aktivitäten von 22 Millionen Kunden führte zur Einteilung in folgende sieben Kundensegmente: Happy Casuals, Fresh Families, Modern Mainstreamers, Hip Poppers, Street Snobs, Cultured Elite und Preppy Strivers. ‚Modern Mainstreamer' sind fitnessorientiert, ‚Hip Poppers' kaufen gezielt günstige Mode, während sich die ‚Cultured Elite' intellektuell und minimalistisch versteht. Landing Pages und Botschaften können somit gezielt auf jede Gruppe abgestimmt werden.

☆ **Geschäftsbezogene Segmentierung**
Dabei werden Bestandskunden nach Umsatzgrößen (ABC) oder Profitabilität unterteilt. Auch andere Kriterien wie Bonität, Loyalität, Risiko oder Aktivität sind üblich, sowie eine Kombination dieser Kriterien.

begrenzt nachgeahmt werden kann. Jeder Kanal bringt auf diese Weise das Beste ein, online wie offline. Auch an dieser Stelle kann das dialogische Prinzip also Sinn machen, um „the Best of both Worlds" miteinander zu verheiraten.

Neben praktischen Bedürfnissen hat der Mensch insbesondere aber auch soziale Bedürfnisse. Und als soziales Wesen strebt er nach sozialer Interaktion verbunden mit dem Bedürfnis nach Aufmerksamkeit und Anerkennung. Wir sprechen viel über Individualisierung, doch braucht diese auch stets das Feedback der Gemeinschaft. Deshalb sind Selfies und Follower so beliebt.

★ Erlebnis	Digitales Produkt
☆ Staunen	Videoportal wie Youtube
☆ Gespräch	Messenger wie WhatsApp
☆ Selbstdarstellung	Bild-Portal wie Instagram
☆ Beziehung	Dating-Apps wie Parship
☆ Spielen	Computerspiele wie Minecraft
☆ Abenteuer	Virtuelle Realität wie Oculus

» *Die digitale Welt bietet eigene Zugänge zur Emotionalität*

Social-Media-Angebote wie Facebook, Twitter, Instagram und Snapchat basieren auf diesem Prinzip der Gemeinschaft und Anerkennung. Es lohnt sich, das Denken in Funktionen und Strukturen einmal beiseite zu lassen und zu überlegen, was das eigene Geschäft eigentlich mit Menschen zu tun hat: Sich zu begegnen, sich zu präsentieren und unverwechselbar zu sein, aber auch, sich angenommen zu fühlen, dazuzugehören, Schutz und Geborgenheit zu finden. Viele Unternehmen schreiben in Hochglanz davon, dass sie den Menschen in den Mittelpunkt stellen. Doch häufig dreht sich ein Unternehmen um sich selbst. User Experience heißt im weiteren Sinne auch, eine Userschaft, also Teilhabe, überhaupt erst zu ermöglichen.

Menschen statt Märkte

Marketing und Kommunikation mit Kunden erhält durch digitale Werkzeuge eine Fülle neuer Möglichkeiten. Marketing Automation stellt Plattformen und Tools zur Verfügung, um Routinetätigkeiten im Marketing zu vereinfachen.

Die klassischen Marketingaufgaben wie Generierung und Pflege der Leads können durch Automatisierung mit einem Grundstrom an Aktivitäten versorgt werden. Mittels KI und Big Data Analyse kann die Qualifizierung von Leads und Kunden erfolgen sowie kundenindividuell agiert werden. Ebenso kann in Echtzeit auf Auslöser (Trigger) reagiert werden.

....

In- und Outbound Marketing

Das Outbound Marketing (Push) platziert das Produkt aktiv beim Kunden, typischerweise durch Werbung – Product Placement.

Das Inbound Marketing (Pull) „fängt" den Kunden ein, wenn dieser selbst aktiv auf der Suche ist und baut eine Vertrauensbeziehung auf – Competence Placement.

....

Die Automatisierung und Orchestrierung der Marketinginstrumente und Marketingkanäle legt die Basis für eine schnelle und effiziente Bearbeitung. Das Marketing kann individualisiert und auf „Losgröße 1" differenziert werden, ja sogar „Losgröße kleiner 1". Jeder Mensch übt verschiedene Rollen aus: Beispielsweise als Privatperson oder Berufstätiger, als Elternteil oder Kind, als Sportler oder Autofahrer, als Anbieter oder Kunde.

Mit den Möglichkeiten der Automatisierung geht der Weg auch im Marketing weg vom einmaligen „Change Management" einer Kampagne hin zur permanenten Anpassung. Diese Anpassung basiert auf dem Monitoring der Kundenaktivitäten wie Suchanfragen und Verkaufsergebnisse im Internet aber auch im stationären Handel. Darüber hinaus lassen sich auch andere Ereignisse berücksichtigen, etwa die Nachrichtenlage oder Wettervorhersage. Damit gewinnt die beständige Arbeit mit Interessenten und Kunden eine neue Qualität. Marketing agiert in Echtzeit: Sofort, überall, für jeden.

‚Für jeden' bedeutet, dass sich Marketing nicht mehr an Märkte wendet, sondern an den einzelnen Kunden, mehr noch, den individuellen Menschen in all seinen Facetten. Erst durch Automatisierung gelangt One-to-One-Marketing (Don Peppers, Martha Rogers, The One to One Future, 1993) zur vollen Entfaltung, um eine Vielzahl datenintensiver Kontakte effizient zu beherrschen.

☆ **Automatisierung ist die Basis für Individualisierung im Marketing.**

Die Automatisierung schafft den Freiraum für persönliche Kontakte in der Kundenbeziehung. Anstelle klassischer Verkäufer und Berater drängen auf diese menschliche Ebene über entsprechende SocialMedia-Kanäle allerdings immer mehr Testimonials, sogenannte Influencer, welche verkaufsfördernd über Produkte und Dienstleistungen berichten. Doch lassen sich solche Kompetenzen auch aus dem Unternehmen heraus aufbauen. So beschäftigen IT-Unternehmen Top-Experten, die als sogenannte Evangelisten das Unternehmen auf Kongressen repräsentieren und die Branchenentwicklung beeinflussen. Unabhängig von einem konkreten Kauf präsentiert ein Unternehmen so seine Fähigkeiten und Kompetenzen – Competence Placement.

Wenn Marketing über die Automatisierung hinaus auf den individuellen Menschen zugeht, dann gelten für gutes Marketing dieselben Regeln wie für gutes Design: Es muss Vertrauen schaffen und Emotionen auslösen. Marketing muss authentisch sein und glaubwürdig. Die beste Voraussetzung dafür ist und bleibt ein stimmiges Produkt, authentisch und glaubwürdig. Das gilt erst recht für einen seriösen Umgang mit den Kundendaten.

Digitale Realität

Im Bereich der Virtuellen Realität (VR) werden dreidimensionale Darstellungen vollständig computergeneriert. Über eine VR-Brille kann dann beispielsweise ein Haus besichtigt werden, noch bevor der erste Stein gesetzt wird.

Erweiterte Realität (englisch Augmented Reality, abgekürzt AR) ergänzt reale Bilder bzw. Videos um künstliche Inhalte; räumliche Objekte werden im Kontext des realen Umfelds eingefügt. In einfacher Form werden Zusatzinformationen mit Zahlen und Grafiken dargestellt (Assisted Reality). Bei Sportübertragungen ist dies bereits Standard, etwa die Abseitslinie beim Fußball oder die Bestweite beim Skispringen. Auch blenden beispielsweise Head-up-Displays Informationen auf die Windschutzscheibe in Automobilen.

☆ **Digitale Realität verbindet die analoge Welt mit der digitale Welt. Sie durchdringt den Alltag und gestaltet für Menschen eine neue Wirklichkeit.**

Wie in der Filmindustrie werden reale und künstliche Inhalte immer stärker miteinander verwoben, bis die Unterschiede nicht mehr wahrnehmbar sind. Wenn digitale Inhalte nicht nur in die reale Welt projiziert werden, sondern mit dieser auch in Interaktion treten, spricht man von Mixed Reality (MR). Die Möglichkeiten von AR und MR sind schier unerschöpflich und auf dem besten Weg in vielfältiger Weise Teil des Alltags zu werden.

Neben dem Sehsinn werden auch andere Sinne, wie der taktile Sinn oder der Gleichgewichtssinn, in die digital erzeugten Realitäten eingebunden, um das Erlebnis noch realistischer zu gestalten.

Künstliche Intelligenz

Abu Dscha'far Muhammad ibn Musa al-Chwārizmī war ein arabischer Universalgelehrter. Vor rund 1.200 Jahren beschrieb er in seinem berühmten Buch über die Algebra (al-ǧabr) das indische Dezimalsystem, einschließlich der Null. In dem Werk legte Al-Chwārizmī die Grundrechenarten, die Lösung von Gleichungen und praktischen Aufgaben dar. Einige Jahrhunderte später verbreiteten lateinische Übersetzungen dieses Wissen in Europa und wurden dort als „Arabische Ziffern" Grundlage der Mathematik.

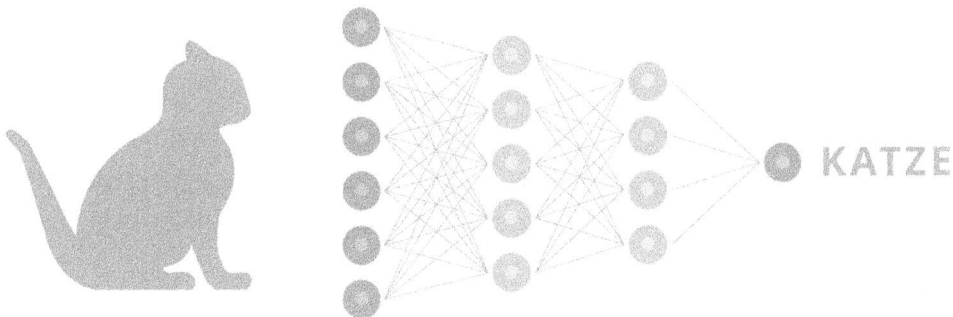

Prinzip eines neuronalen Netzes mit Eingangsdaten, zwei verborgene Schichten und dem Ergebnis

Als lateinische Fassung seines Namens Al-Chwārizmī wählten die damaligen Übersetzer Algoritmi. Algorithmus bezeichnet heute jede Form einer Folge von eindeutigen Anweisungen. Dies kann ein Kochrezept sein, eine Montageanleitung für Selbstbau-Möbel oder eben ein Softwareprogramm. Ein Algorithmus arbeitet im Stile „Tue zunächst dies, dann jenes, schließlich das." Bei einem Kochrezept ist der Mensch Ausführender, bei der Software übernimmt diese Rolle ein Computer.

Traditionell ist ein Software-Algorithmus eine vom Programmierer genau vor-
gegebene Abfolge von Anweisungen, die zu einem jederzeit wiederholbaren
Ergebnis führen.

Ein alternativer Weg ist, ein System explizit mit Wissen eines abgrenzbaren
Bereichs in Form von Wenn-Dann-Regeln zu programmieren, ein sogenanntes
Expertensystem. Beim deduktiven Verfahren erarbeiten Experten allgemeine
Regeln, die anschließend bei konkreten Daten angewendet werden.

Beispiel: Bei der Erstellung eines Arbeitsplans werden konkrete Forderungen,
wie „Mitarbeiter Müller arbeitet nur Teilzeit von 8 Uhr bis 12 Uhr" oder „Müller
und Meier sind nie in derselben Schicht", aufgestellt. Ein Programm berechnet
aufgrund dieser Vorgaben sowie allgemeiner Regeln den bestmöglichen Plan.

Das Prinzip kann sowohl für Spielpläne einer Fußball-Liga oder für Spielzüge
eines Schachprogramms, für medizinische Diagnosen oder der Überwachung
von Produktionsanlagen angewendet werden. Einen ersten großen Aufschwung nahmen Expertensysteme in den 1980er Jahre mit dem Ziel, menschliches Fachwissen in maschinell verarbeitete Regeln umzusetzen. Diese regel-
basierten Systeme werden auch als ‚Business Rule Management System'
(BRMS) bezeichnet. Insbesondere wurden medizinische Expertensysteme für
die Überwachung von Patienten und die Diagnose von Krankheiten entwickelt.

Mit großen Datenmengen kann man dagegen induktiv vorgehen: Aus vielen
Einzelfällen werden Regeln extrahiert. So können beispielsweise im Sekunden-
takt exemplarisch Tausende Datenpunkte einer Maschine erhoben werden.
Auf diese Weise ist es möglich, anhand von Big Data Trends herauszufiltern.
Eine Alternative ist, das System selbst lernen zu lassen – das sogenannte ma-
schinelle Lernen. Dafür füttert man das Programm mit einer großen Zahl von
Beispielen, etwa Katzenbilder. In der Folge kann das Programm durch Mustererkennung Katzenbilder eigenständig identifizieren. Statt Katzenbildern
können auch Fehlzustände von Maschinen als Grundlage verwendet werden
oder beliebig andere eingrenzbare Themen. Voraussetzung ist, dass man eine
große Zahl von Beispielen hat, deren Sachlage bekannt ist.

Die entsprechenden Lernverfahren sind an die Arbeitsweise der Neuronen im Gehirn angelehnt, auch wenn man den Vergleich nicht allzu sehr strapazieren sollte. So wie die Neuronen im Gehirn Verbindungen schaffen, verstärken und wieder lösen, so ähnlich funktionieren auch digitale Neuronen. Entsprechend lernen künstliche neuronale Netze, indem sie Verbindungen zwischen den einzelnen digitalen Neuronen stärken oder schwächen.

Induktion

Die Induktion (lateinisch inducere ,hineinführen') verallgemeinert einzelne Beobachtungen und Erkenntnisse zu einer allgemeinen Regel.

Schicht für Schicht erkennt das KI-System bei Katzenbildern zunächst Helligkeit und Kontrast, darauf aufbauend eine weitere neuronale Ebene, die Konturen; die nächste Schicht erkennt einzelne Formen wie Augen und Ohren, bis das Ganze am Ende als Katze erkannt wird. Bei solchen mehrlagigen neuronalen Netzwerken spricht man ab etwa fünf bis zehn Ebenen von Deep Learning.

Deduktion

Die Deduktion (lateinisch deductio ,Abführen) ist ein logisches Prinzip, welches aufgrund allgemeiner Regeln auf das einzelne Ergebnis abgeleitet wird.

Dank gewaltiger Rechenkapazitäten kristallisiert sich beim maschinellen Lernen eine weitere Variante heraus: Der Autodidakt. Im Jahre 2016 programmierte die Google-Tochter DeepMind der Software „AlphaGo" die Regeln des asiatischen Strategiespiels „Go" ein und ließ das System Millionen mal gegen die eigene Kopie spielen. Das System entwickelte sich ohne Expertenwissen und ohne die Eingabe von Beispielen aus eigener Kraft von Anfängerniveau weiter auf unschlagbar. Da die Rechenkapazitäten weiter steigen und die Rechenkosten zugleich sinken, hat der Autodidakt eine große Zukunft. Die Maschine macht dann das, was sie am besten kann – in vielen Zyklen das immer Gleiche in kurzer Zeit durchzuführen.

Das System ahmt das Lernverhalten von Lebewesen im Sinne von Erfolg und Misserfolg einer Verhaltenskette nach. Dies wird als verstärkendes Lernen (Reinforcement Learning) bezeichnet. Roboter können beispielsweise auf diese Weise ihre Bewegungsmuster optimieren. Man beachte die Wichtigkeit von Negativergebnissen für den Lernerfolg der Systeme. Maschinelles Lernen basiert auf vielfache Iteration und schrittweiser Optimierung durch Feedback. Die weitere Entwicklung werden Autodidakten mit mehr als zwei Teilnehmern sein und mit Kopien in verschiedenen Rollen, etwa Angreifer und Verteidiger, die gegeneinander bzw. miteinander agieren. Buchstäblich spielerisch trainieren auf diese Weise Fußball-Roboter.

Wie neuronale Netzwerke programmiert werden

Um etwa die Helligkeit von Bildern mit 10x10 Pixel in einem neuronalen Netzwerk zu erkennen, benötigt man für jedes Pixel ein digitales Neuron, also 100 Neuronen, was einer Reihe mit 100 Variablen entspricht. Angenommen, man will nur Hell oder Dunkel unterscheiden, dann kann man einen Schwellwert von beispielsweise 1 Lux definieren. Ab 1 Lux gilt der Wert als hell, darunter als dunkel. Jedes Neuron schaltet, entsprechend dem Lux-Wert des zugehörigen Pixels, auf 0 (dunkel) oder 1 (hell).

Eine weitere Reihe besteht aus 20 Neuronen. Die Festlegung auf 20 ist beispielhaft; dies ist eine der Entscheidungen, die ein Entwickler bezüglich der Architektur des Netzwerkes treffen muss. Jedes Neuron der zweiten Reihe wird mit jedem Neuron der ersten Reihe verbunden. Das ergibt 100 x 20 = 2.000 Verbindungen. Je häufiger ein Neuron feuert, also den Wert 1 annimmt, desto stärker wird die Verbindung zwischen den entsprechenden Neuronen der ersten und zweiten Reihe. Nach einem Training mit Bildern hat die zweite Reihe einen „Eindruck" über die Helligkeitsverteilung und kann für neue Bilder die Ähnlichkeit mit dem Gelernten prüfen.

Künstliche Intelligenz (KI, englisch Artificial Intelligence, AI) stellt also Software-programme dar, die Muster statistisch erkennen und auf diese Weise Wissen verarbeiten können. Die Begriffe „Künstliche Intelligenz" und „Maschinelles Lernen" sind natürlich viel eleganter als „statistikbasierte Mustererkennung". Virtuelle digitale Assistenten (VDA) werden auch als Softwareagent oder Bot bezeichnet, letzteres ist eine Kurzform für Roboter. Ein Bot arbeitet eigenstän-dig eine spezielle Aufgabe ab, etwa um Internetseiten nach bestimmten Inhal-ten zu durchforsten oder Reiseverbindungen zu suchen. Ein Bot verfügt dazu nicht zwingend über KI-Funktionalität. Oft genügt schon eine Schnittstelle zu einer Datenbank mit einer Ein- und Ausgabe für die Nutzerkommunikation. Kombiniert man mehrere solcher VDAs zu einer Art Super-Assistenz, erreichen diese einen hohen praktischen Nutzwert.

Während traditionelle Software-Algorithmen eine feste Abfolge von Anweisun-gen sind, geben Expertensysteme nur die Regeln vor, vergleichbar den Spiel-regeln eines Brettspiels. Beim maschinellen Lernen wiederum erkennt das System die Muster in einem Themenbereich aus einer möglichst großen Da-tenmenge. Erforderlich sind hierzu eine Bewertungsfunktion und die lernende Speicherung der Bewertungen. Dieses Gedächtnis wird durch die Stärke der Verbindungen zwischen den digitalen Neuronen realisiert.

Beim maschinellen Lernen wird mit neuen Daten hinzugelernt und dadurch kann sich das Ergebnis verändern. Die Weiterentwicklung des Programms ist systemimmanent, ohne Eingriff durch eine explizite Softwareentwicklung. Problematisch dabei ist, dass die Korrektheit eines solchen Programms nicht mehr nachvollzogen werden kann. Mehr noch: Wer kann die Datenqualität ga-rantieren, etwa dass Daten keine inakzeptable Tendenz implizieren. Dies wirft rechtliche Fragen auf, angefangen bei der Abnahme durch einen Auftraggeber bis zur Übernahme der Fehlerverantwortung.

Ob Programme mit oder ohne Künstlicher Intelligenz in der Tat intelligent sind, ist eine abendfüllende Diskussion, die schon an der fehlenden Definition von Intelligenz scheitern dürfte. Zumindest können manche nach landläufigem Verständnis intelligent erscheinen.

Robo Sapiens

Digitale Realitäten verschmelzen reale und künstliche Welten. Transhumanismus ist die weitergehende Idee, den realen Menschen mit künstlichen Systemen zu vereinen. Ähnlich einem Herzschrittmacher sollen Implantate wie Sensoren und Mikrochips den Körper mit Technologie erweitern und verbessern.

Spektakuläre Innovationen ermöglichen, das menschliche Gehirn über eine Schnittstelle direkt mit dem Computer zu verbinden. Bereits heute lassen sich gedachte Wörter und gesehene Bilder auslesen. In einer weitergehenden Vision könnte das menschliche Bewusstsein in ein Computersystem hochgeladen werden (Mind Upload), vergleichbar dem Denkarium in dem Fantasy-Roman „Harry Potter". Die Unsterblichkeit der eigenen Gedanken wäre gesichert.

KI-Forscher Ray Kurzweil sagte zur Jahrtausendwende für 2045 einen Zeitpunkt der Singularität voraus, an dem das exponentielle Wachstum von Wissen explodiert und künstliche und menschliche Intelligenz vollständig verschmelzen. Der Computer erweitert das eigene Gehirn zu einer Superintelligenz.

Aus Stammzellen entwickeln Biowissenschaftler derzeit sogenannte Mini-Brains (Organoide), die in Nährflüssigkeit liegen und die Größe eines Embryo-Gehirns haben. Über Schnittstellen können diese mit einem Computer und künstlicher Intelligenz verbunden werden.

Die rasante, exponentielle Entwicklung der KI, Bio- und Gen-Forschung sowie Nanotechnologie soll zu einer völligen Verschmelzung von Mensch und Maschine führen, zu einer neuen Spezies mit ewigem Leben. In der Folge entsteht neben dem Homo sapiens eine neue Menschenart.

Noch sind diese Ideen mehr Roman als Realität. Aber es ist absehbar, dass entsprechende Technologien entwickelt werden, die auch ethische Fragen aufwerfen werden. Naheliegenderweise wird der Gesundheitsbereich ein wichtiger Markt für diese Technologien sein. Nach und nach werden Ersatzorgane im 3D-Drucker gefertigt und immer komplexere Technologien in den Körper eingebracht werden können.

Industrieroboter erledigen bislang stets die gleichen Abläufe nach vorgegebenem Schema. Im Gegensatz zu normalen Maschinen haben sie mehr Freiheitsgrade, können sich um verschiedene Achsen drehen und beherrschen auch komplexere Abläufe. Werden Roboter mit „Intelligenz" angereichert, können ihre Einsatzbereiche erheblich ausgeweitet werden.

....

Mensch und Maschine

Cyber-physische Systeme (CPS) bezeichnen die Integration von realem Ding und Computer.

Ein **Cyborg** ist die Verbindung aus lebendem Organismus und Maschine.
Ein **Humanoid** ist dagegen ein künstliches Wesen, das einem Menschen ähnelt.
Ein **Android** ist ein Humanoid, der aussieht wie ein Mensch und sich auch so verhält.

Homo Digitalis meint den Menschen in einer stark digitalisierten Umwelt und stellt die Frage, ob sich der Mensch durch die Digitalisierung in der zukünftigen Evolution verändert. Definitionsgemäß ist ein Mensch mit Herzschrittmacher bereits ein Cyborg.

....

Die Science-Fiction Idee vom Humanoiden, einem Roboter, der sich wie ein Mensch verhält, rückt näher. Zunächst werden spezialisierte Serviceroboter wie autonome Rasenmäher, Transportroboter oder Roboter in der Krankenpflege ihren Weg in den Alltag finden. Roboter werden also außerhalb von Maschinenhallen zunehmend im Alltag genutzt werden. Was heute das Smartphone ist, werden morgen die Roboter sein.

Mobile Roboter, die mit dem Menschen zusammenarbeiten, werden als Robo-
ter-Kollegen oder kurz Cobots bezeichnet. Sie verfügen über eine integrierte
Sensorik und können ihre Umgebung wahrnehmen. Zu den Vorteilen solcher
Cobots gehören Einsparungen für Sicherheitstechnik und Schutzzäune sowie
gesonderte Produktionsflächen. Je intelligenter Roboter werden, desto flexibler können sie eingesetzt werden und sind nicht mehr auf einen Arbeitsgang
beschränkt. Im Trend sind modulare Roboterbaukästen, deren Hard- und Software nach Bedarf definiert werden kann.

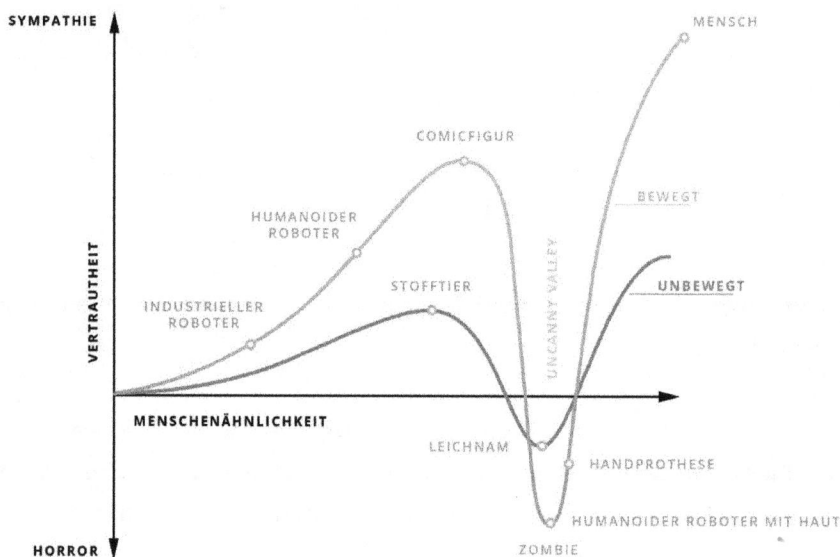

Uncanny Valley (unheimliches Tal)

Wie wichtig das Zusammenspiel von Design, Informatik und Neurowissen-
schaften ist, hat Masahiro Mori 1970 am Beispiel Uncanny Valley gezeigt. Bei
einem Roboter würde man erwarten, dass dieser umso größere Akzeptanz
findet, je ähnlicher er einem Menschen nachempfunden wird, je realistischer
er gestaltet ist. Tatsächlich gibt es eine Akzeptanzlücke: Das Uncanny Valley
(Unheimliches Tal). Kurz bevor sich der Ähnlichkeitsgrad dem Menschen annä-
hert, fällt die Akzeptanz schlagartig ins Negative. Die menschenähnliche Imita-
tion eines Roboters wird als unheimlich wahrgenommen.

Zu rechtlichem, moralischem oder ethischem Handeln sind Computer und Roboter von sich aus nicht in der Lage. Sie benötigen hierzu menschliche Vorgaben. Entweder werden diese in der Softwareentwicklung explizit einprogrammiert oder Gesetzestexte mittels Künstlicher Intelligenz ausgewertet.

Die Frage nach ethischem Handeln von Computern entzündet sich unter anderem an autonomen Fahrzeugen. Menschen haben in Unfallsituationen kaum Zeit zum Nachdenken. Computergesteuerte Autos können eine Situation unter Umständen viel schneller erkennen und bleiben dadurch kontrolliert reaktionsfähig. Solche Systeme helfen, Unfälle zu vermeiden und die Risiken für Menschen zu senken. Das leistet auch ein Sicherheitsgurt, allerdings verfügt dieser über keine Entscheidungsmöglichkeit. Ein autonomes Fahrzeug hingegen kann vor der Wahl stehen, dem Schutz der Insassen oder dem anderer Verkehrsteilnehmer den Vorzug zu geben. Wenn Software eine ethische Entscheidung treffen soll, dann müssen Menschen vorher die Regeln bestimmen.

Der Science-Fiction-Autor Isaac Asimov ist nicht nur Schöpfer des Begriffs „Roboter", sondern schuf in ‚Runaround' 1942 auch bereits drei Robotergesetze: So darf ein Roboter kein menschliches Wesen verletzen oder durch Untätigkeit zulassen, dass einem menschlichen Wesen Schaden zugefügt wird, er muss dem Menschen gehorchen und seine eigene Existenz schützen.

ZUSAMMENFASSUNG Kapitel 6

☆   Die Digitalisierung umgibt und durchdringt den ganzen Menschen.
☆   War IT einst rational orientiert, so stehen heute die emotionalen und neurokognitiven Aspekte des Menschen im Mittelpunkt.
☆   Die Systeme werden an den Menschen angepasst, anstatt den Menschen an die Systeme.
☆   Erlebniswelten verbinden analoge und digitale Realitäten.
☆   Künstliche Intelligenz, Roboter und Humanoiden lassen Science-Fiction zur Realität werden.

INNOVATIVES MINDSET

Innovatives Mindset

Nikolai Kondratjew entwickelte 1926 die Theorie der langen Entwicklungswellen, den ‚Kondratjew-Zyklus'. Neue Basisinnovationen treten seiner Ansicht nach dann auf, wenn keine Verbesserung im bestehenden Rahmen möglich ist. Sofern man an einem bestimmten Punkt nicht mehr weiterkommt, macht sich schließlich irgendjemand auf die Suche nach einer Innovation.

Es stellt sich die Frage, wie es einem überhaupt gelingt, zu einer kreativen neuartigen Idee zu gelangen. Wie kommt man auf eine Produktidee, von der noch niemand weiß, dass sie möglich ist? Wie kommt man vom Pferd zum Kraftfahrzeug und von der Kutsche zur Eisenbahn? Wie kommt man vom Segelschiff zum Dampfschiff? Wie kommt man von der Gaslampe zur Glühbirne?

Natürlich gibt es Zufälle und Eingebungen. Ein Unternehmen kann spontane Ideen nutzen und über ein Vorschlagswesen diese auch organisieren. Die eigentliche Herausforderung liegt aber darin, eine Innovation mit System zu entwickeln. Thomas A. Edison war ein großer Erfinder, der systematisch nach Problemen suchte und diese genauso systematisch löste. Er untersuchte eine Fragestellung auf „hundert verschiedene Weisen". Oder wie es Edison formulierte: „Ich habe nicht versagt. Ich habe nur 10.000 Wege gefunden, die nicht funktionieren."

In diesem Kapitel beschäftigen wir uns mit unterschiedlichen Denkweisen und Methoden, die Grundlage dafür sind, dass ein Unternehmen in strukturierter Weise innovative Ideen entwickeln kann. Die Fähigkeit zur Innovation soll sich dabei nicht auf eine Forschungsabteilung beschränken, sondern methodisch in den Alltag des ganzen Unternehmens integriert werden.

Der innere Wert

Die nordamerikanischen Ureinwohner glauben, dass allen Dingen, jedem Lebewesen, jeder Naturerscheinung und jeder Sache, eine Seele innewohnt. Die Seele birgt das wahre Ich eines Wesens, seine Identität, seinen Charakter und seine Persönlichkeit. Die Seele findet ihren Ausdruck in den Formen der Körperlichkeit und dem lebendigen Verhalten. Dieser Ausdruck offenbart das Innerste, den wahren Wert. Und dieser Wert ist entscheidend für die Zukunft eines Unternehmens – der innere Wert eines Geschäftskonzepts. Wer seinen inneren Wert nicht versteht, der droht, verloren zu gehen.

Lost Champions

Digital Equipment (DEC) war in den 1980er Jahren das zweitgrößte IT-Unternehmen der Welt. 1957 gegründet, baute es kleinere Computer als der Marktführer IBM und erschuf mit den Minirechnern eine neue Klasse von Computern. Doch dann kam 1976 der PC, ein noch kleinerer Computer als die DEC-Rechner. Die Revolution, die DEC selbst groß gemacht hatte, fand noch einmal auf einer weiteren Stufe statt. Bei DEC wurden die PC's jedoch als Spielzeug abgetan; sie hatten ihr eigenes Prinzip, ihr Geschäftsmodell, nicht verstanden. Das Prinzip lautet: Durch die ständige Verkleinerung der Technologie findet die Revolution immer wieder mit noch kleineren Geräten statt. Gut drei Jahrzehnte nach den PC's haben die Smartphones 2007 eine neue Revolution ausgelöst – Computer für die Jackentasche. Apple hat nach dem PC auch noch das Smartphone entwickelt. DEC hatte aus seiner eigenen Geschichte nicht gelernt und musste 1998 aufgelöst werden. Ein verlorener Klassenbester, ein Lost Champion.

Kodak hatte 1888 die erste Kamera für Endverbraucher gebaut und fast hundert Jahre später die erste digitale Spiegelreflexkamera. Schon 1975 hatte das Unternehmen die Digitalkamera patentiert. Um die eigene analoge Welt zu schützen, sprang Kodak jedoch auf den Digitalisierungszug erst auf, als es schon zu spät war. Kodak galt als der größte Fotokonzern der Welt und hatte alle Chancen, dies auch zu bleiben. Dennoch konnte der Konzern seine Marktführerschaft nicht behaupten und musste 2012 Insolvenz anmelden. Ein Lost Champion.

Quelle war vor dem Internet-Boom einer der größten Versandhändler Europas. Der Konzern hatte mit dem Prinzip der Sammelbestellung sogar lange vor dem Internet den Social Commerce erfunden. Auch die Rücknahme der Ware bei Nichtgefallen und eine Geld-zurück-Garantie waren selbstverständlich; aber der Sprung von der analogen Versandwelt in den digitalen eCommerce gelang nie. Quelle hatte alle Voraussetzungen das europäische Amazon zu werden. Doch 2009 verschwand Quelle vom Markt. Ein Lost Champion.

Nokia und Blackberry waren eine Zeit lang unangefochten Marktführer für Mobiltelefone mit eingebauter Tastatur. Mit dem Aufkommen der Smartphones und virtueller Tastatur kam rasch das Ende. Den Sprung, vom analogen Telefon zum digitalen Universalgerät, vom Terminal mit Tastatur im Kleinformat zur intuitiven Benutzeroberfläche mit Touchscreen verpassten beide Unternehmen. Lost Champions.

SMS war lange der wichtigste Messenger und ganz in der Hand der Telefongesellschaften. Doch aus Angst, die hohen Einnahmen zu verlieren, ignorierten sie die neuen Alternativen wie WhatsApp und WeChat. Ein Lost Champion.

All diese Lost Champions waren bereits stark am Markt positioniert und hätten ihr Geschäftsmodell nur weiterdenken und weiterentwickeln müssen. Doch genau das war ihr Problem:

☆ **Diese Lost Champions hatten den eigentlichen Kern ihres Geschäftsmodells nicht verstanden.**

Was ist das Wesen eines Geschäftsmodells?

☆   Das Geschäftsmodell eines Versandhändlers ist nicht die Produktion von Katalogen, sondern die bequeme Einkaufsmöglichkeit von zu Hause aus.

☆   Das Geschäftsmodell der Fotoindustrie ist es nicht, Apparate und Filmmaterial zu produzieren, sondern Erinnerungen zu bewahren.

☆   Das Geschäftsmodell eines Messengers ist nicht der Versand von Nachrichten, sondern die Beziehung zwischen Menschen.

☆   Das Geschäftsmodell eines Automobilunternehmens ist es nicht, Motoren herzustellen, sondern Menschen mobil zu machen.

....

Autonomes Fahren

Das Wort Automobil ist eine Zusammensetzung aus dem griechischen „autos" (selbst) und lateinischem „mobilis" (beweglich). Bezog sich der Begriff ursprünglich auf den Antrieb, so ist er heute geradezu eine Prophezeiung für autonomes Fahren.

....

Ein sicherer Weg, zum Lost Champion zu werden, besteht darin, das Wesen der eigenen Existenz nicht zu verstehen. Je höher die Geschwindigkeit der Veränderung ist und je rascher sich die Geschäftsmodelle wandeln, desto wichtiger wird das Verstehen der Geschäftsgrundlage.

Verstehen Sie Ihr Business

Wer in der digitalen Welt bestehen will, muss sich fragen: Was machen wir hier überhaupt? Das bestehende Geschäftsmodell will verstanden sein. Was ist der tiefere Sinn, die Seele des Unternehmens? Was ist das Prinzip des bisherigen Erfolgs?

Wer diesen Sinn erkennt, kann in einer stürmischen Umwelt über die Zukunft des Unternehmens nachdenken. Wo sind die Grenzen des Geschäftsmodells und wie können sie überwunden werden?

☆ Was ist der Nutzen des Unternehmens und warum?
☆ Was treibt einen Kunden wirklich an, die Produkte zu kaufen?
☆ Wie ist der Markt überhaupt entstanden?
☆ Wie hat sich der Markt im Laufe der Zeit verändert? Was ist die Geschichte des Marktes?
☆ Was waren in all der Zeit die Konstanten im Markt?
☆ Wie ist das Unternehmen international aufgestellt? Wenn es nur regional agiert: Warum diese Beschränkung?
☆ Wie lange müssen Kunden auf das Produkt warten und warum?
☆ Warum hat das Unternehmen diese Kunden und keine anderen?
☆ Was müsste passieren, dass niemand mehr das Unternehmen benötigt?

Das ist der erste Schritt zur Digitalen Transformation:
Verstehen Sie Ihr Business.

Der wahre Grund

Für Kinder ist die Frage „Warum?" ganz natürlich. Sie wollen die Welt verstehen. Unternehmen sind meist so im Tagesgeschäft eingebunden, dass sie darüber die Grundlagen der eigenen Existenz vergessen.

Unabhängig davon, ob es sich um eine Idee, um eine Lösung oder um ein Problem handelt, stellen Sie sich die Frage: „Warum?". Nach der ersten Antwort stellen Sie sich erneut die Frage: „Warum?" Machen Sie das einige Male und immer wieder, bis Sie die Antwort aufgeschlüsselt haben.

Es genügt nicht, zu erfahren, weshalb ein Nutzer eine bestimmte Funktion haben möchte. Es genügt nicht, zu wissen, dass ein Produkt sich gut verkauft. Der wahre Grund liegt tiefer und gibt den inneren Wert preis.

Der Markenkern von BMW ist nicht etwa „Fahrzeuge bauen", sondern „Freude am Fahren". Markenbildung versucht immer, den eigentlichen Wert der Marke herauszuarbeiten. Nicht nur Marken haben einen inneren Kern, sondern jede Idee, jedes Produkt und sogar jedes Problem.

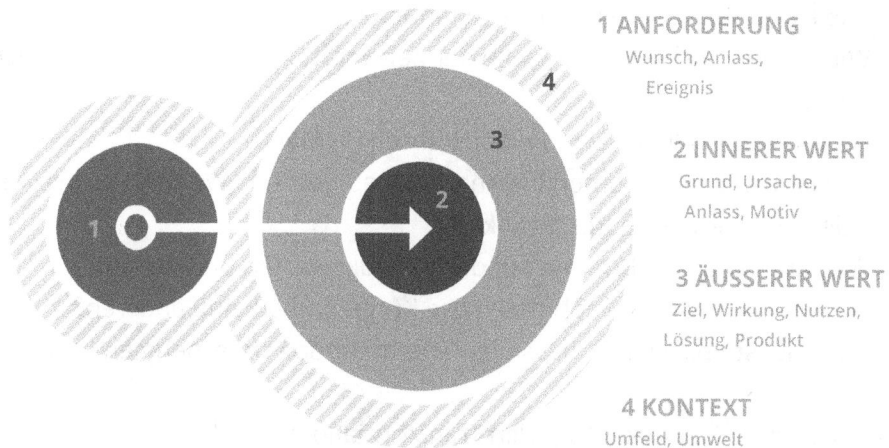

1 ANFORDERUNG
Wunsch, Anlass, Ereignis

2 INNERER WERT
Grund, Ursache, Anlass, Motiv

3 ÄUSSERER WERT
Ziel, Wirkung, Nutzen, Lösung, Produkt

4 KONTEXT
Umfeld, Umwelt

Die Wertestruktur in ihrem Kontext

Sobald die eigentliche Bedeutung und Ursache verstanden wird, gelingt es, die Suche in ganz andere Richtungen zu lenken und eine geeignete Lösung zu finden, den kundenbezogenen äußeren Wert. Möglicherweise löst ja ein anderes, neues Produkt die Aufgabe viel besser.

☆ **„Ich weiß, dass ich nichts weiß."** *Sokrates*

Der innere Wert führt zum äußeren Wert, dem Wert für den Kunden (Ziel). Dieser Wert entsteht bei der Nutzung, aber gegebenenfalls auch schon beim Kauf: Das Shopping-Erlebnis, der Erfolg beim Finden und Feilschen, ist eine Co-Produktion von Anbieter und Kunde. Das Denken in Werten führt zu einer kundenorientierten Sichtweise, die über den Zeitpunkt des Kaufs hinausgeht: Der Service-Orientierung.

☆ **Kundenorientierung heißt nicht, die Anforderung eines Kunden zu befolgen, sondern sie zu verstehen.**

Die Wertestruktur ergibt in einem Satz zusammengefasst:

☆ Der Wert wird durch eine Anforderung dargelegt,
☆ die einen tieferen Grund (innerer Wert) hat
☆ und zu einem Ziel (äußerer Wert)
☆ in einem Kontext führt.

In der agilen Softwareentwicklung wird dieser Zusammenhang in einer User Story im Rahmen des Anforderungsmanagements dargelegt. Eine User Story beschreibt mit wenigen Sätzen aus der Sicht des Nutzers den Grund und das Ziel einer Anforderung im entsprechenden Kontext.

....

5W und der wahre Grund

Der japanische Unternehmer und Erfinder Toyoda Sakichi (Toyota) gilt als Entdecker des 5-Warum-Prinzips. Bei einem Problem wird die Ursache, der wahre Grund, durch fünfmaliges Warum-Fragen herausgefunden. Die Zahl 5 versteht sich als Orientierungswert und darf gerne überschritten werden.

....

Egal, ob wir von Seele oder Markenkern, Charakter oder Persönlichkeit sprechen: Es geht immer um den Blick hinter die Kulissen, das Durchdringen und Verstehen. Dieses tiefere Verständnis ist eine wichtige Orientierungshilfe für erfolgreiches Handeln in einem sich rasch wandelnden Umfeld. Neben dem Denken in Werten gibt es aber noch eine ganze Reihe weitere Denkweisen, die hilfreich und notwendig sind.

Extreme Thinking

Der Menschheitstraum vom Fliegen galt lange Zeit als aberwitzig und unmöglich. Nur „Spinner" wie der Schneider von Ulm versuchten sich daran. Heute ist dieser Traum Alltag und Flugzeuge ein Massentransportmittel. Wie kann Unmögliches möglich werden? Anstatt zu beklagen, dass ein Ziel ohnehin nicht erreichbar sei, sollte vielmehr gefragt werden, was zu tun ist, um es zu realisieren. Wer Unmögliches möglich machen will, muss extrem denken.

☆ **Eine wirklich gute Idee erkennt man daran, dass ihre Verwirklichung von vorne herein ausgeschlossen erscheint.** *Albert Einstein*

Extreme Thinking ist positives Denken. Extreme Thinking bedeutet, Lösungen zu suchen und zu finden, auch wenn diese zunächst äußerst unwahrscheinlich erscheinen. Bei diesen Ideen sollte weder Zeit noch Geld eine Rolle spielen. Selbst wenn eine Lösung zunächst unbezahlbar erscheinen mag, so kann in weiteren Innovationsschritten eine machbare Lösung gefunden werden.

Herausfordernde Ziele sind ein gutes Mittel, um fundamentale Innovationen zu entwickeln und sie auf dem Markt zu etablieren.

☆ **Extreme Thinking heißt, sich maßlose Ziele zu setzen. Die Maßlosigkeit ist ein Stilmittel des Fortschritts.**

Das US-Unternehmen Amazon möchte das universelle Kaufhaus für die ganze Welt sein, ähnlich fungiert das chinesische Unternehmen Alibaba. Uber will die Mobilität weltweit für jeden, zu jedem Zeitpunkt, ermöglichen. Google erfasst das gesamte Wissen der Menschheit.

Das magische Dreieck der Betriebswirtschaft ist: Höchste Leistung, geringster Aufwand und dies innerhalb kürzester Zeit. Die drei Ziele stehen in der klassischen Lehre aber in Konkurrenz zueinander. Höchste Leistung ist nicht für niedrige Kosten zu bekommen. Zeit ist Geld. Doch die Digitalisierung hebt diese Gegensätze immer wieder auf.

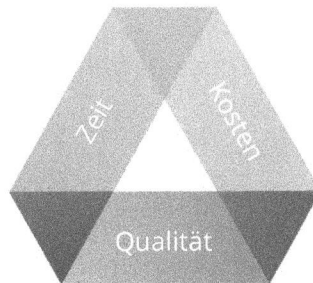

Das magische Dreieck als Motor für Fortschritt

Mehr noch: Manchmal kommt eines zum anderen. Wird durch Technologieentwicklung ein Computer-Prozessor immer schneller und kleiner, so kann der Hersteller mehr Leistung zu geringeren Kosten anbieten; wenn durch intelligentere Routensysteme die Logistik schneller ihr Ziel erreicht, kann eine Ware schneller – bei niedrigeren Kosten – beim Kunden sein. Mehr Leistung zu niedrigeren Kosten führt zu mehr Umsatz und treibt den Fortschritt weiter an.

In der digitalen Internet-Welt gilt: Sofort, überall, für jeden. Etwas besser ist nicht genug. Die Ziele sind vielmehr visionär, grenzenlos und bewegen sich jenseits der Norm. Je unmöglicher eine Idee, je unwahrscheinlicher ihre Realisierung, desto größer ist das Geschäftspotential.

☆ **Visionen können Realität und Zukunft Gegenwart werden.**

Wie kann ein Unternehmen liefern, bevor der Kunde die Bestellung abgeschlossen hat? Überall in der Welt für jeden? Vielleicht gelingt es mit Methoden zur Bestellprognose und dem Einsatz von Drohnen, so dass die Ware schon unterwegs ist, bevor die Bestellung eingegangen ist. Von der Entwicklung bis zur Logistik hin werden die Unternehmen einen immer größeren Aufwand betreiben, um immer besser und schneller agieren zu können.

Es ist hilfreich, sich für Extreme Thinking eine Grundlage zu schaffen, eine geistige Haltung:

☆   Vermeide negatives Denken: „Das geht sowieso nicht."
☆   Lote die aktuellen Grenzen aus und überwinde sie.
☆   Lasse die Gedanken schweifen.
☆   Entwickle Visionen und Utopien.
☆   Erkenne Hindernisse als neue Ziele.

☆   **Die Welt ist nicht genug.** *James Bond*

In einer Welt, die global vernetzt ist, ist Extreme Thinking ein Mittel, um im weltweiten Wettbewerb mutig innovative Ideen zu entwickeln, an die sich noch niemand gewagt hat.

Extreme Thinking maximiert den Denkraum: Maßlose Ziele setzen, extrem zu denken, radikal zu vereinfachen, Probleme in der Tiefe verstehen und Unmögliches möglich zu machen. Damit verschieben wir die Grenzen des eigenen Denkens und erzeugen so die Revolution im Kopf.

☆   **Sofort, überall, für jeden.**

Zurück in die Zukunft

Die klassische Innovation ist die Erfindung eines neuen Produkts. Doch Innovation kann auf verschiedene Arten erfolgen, etwa als Produktinnovation, Prozessinnovation oder organisatorische Innovation.

☆ Produktinnovation: Flugzeug
☆ Serviceinnovation: Suchmaschine
☆ Prozessinnovation: Fließband
☆ Organisationsinnovation: Projektstruktur
☆ Geschäftsmodellinnovation: Online-Shop
☆ Gesellschaftsinnovation: Staatswesen

Manche Innovation hat eine lange Anlaufzeit bis zu ihrer Umsetzung. Geschichtsforschung kann bei der Innovationssuche helfen. Wie beim Radnabenmotor gesehen, kann altbekannten Ideen mit moderner Technologie zu neuem Leben verholfen werden.

Der Engländer Charles Babbage präsentierte 1822 das Modell einer Rechenmaschine und beschrieb 1837 die „Analytical Engine", einen mechanischen Computer. Dieser scheiterte jedoch an den technischen Grenzen seiner Zeit. Erst 1941 brachte Konrad Zuse den ersten Computer zum Einsatz. Bereits 1843 veröffentlichte die britische Mathematikerin Ada Lovelace für die Analytical Engine das erste Computerprogramm zur Berechnung der Bernoulli-Zahlen. 1952 schließlich entwickelte die Mathematikerin und Marineoffizierin Grace Hopper den ersten Compiler und eine lauffähige Programmiersprache. Die Ideen sind meistens schon da. Nur werden Sie nicht beachtet oder sind zum Zeitpunkt der Entstehung nicht machbar.

Ein Technologie-Radar sichtet deshalb Technologien und Innovationen; im ersten Schritt genügt dafür schon der Gartner Hype Cycle.

Jedes Jahr definiert Gartner die aktuellen IT-Trends und deren Stand. Zu Beginn erfährt eine neue Technologie einen Hype und steigt auf den Gipfel der überzogenen Erwartungen; dann stellen sich die Schwierigkeiten der Realität ein, und das Tal der Enttäuschungen wird durchschritten. Nach einiger Zeit finden sich realistische Einsatzmöglichkeiten, und über den Pfad der Erleuchtung wird ein Plateau der Produktivität erreicht.

Die Geschichte einer Idee, ihre Entwicklung und ihr Wandel in der Zeit ist oft der Schlüssel zum tieferen Verständnis einer Innovation, dem inneren Wert. Die Idee des digitalen Computers lässt sich mechanisch, elektromechanisch, elektronisch und optisch realisieren. Eine Innovation sollte nie aus dem Augenblick heraus beurteilt werden, sondern immer nach ihrem inneren Potential. Oft scheitert der erste Anlauf an überzogenen Erwartungen und noch unzureichenden technischen Möglichkeiten.

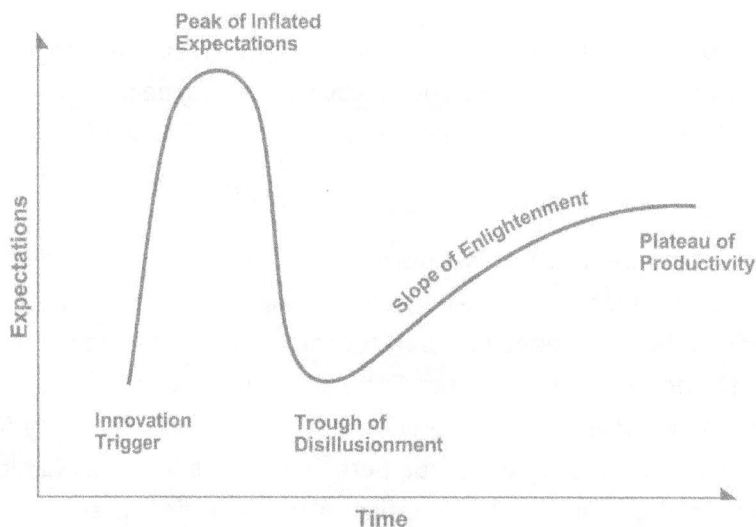

Quelle: Gartner Methodologies www.gartner.com/technology/research/methodologies/hype-cycle.jsp

Fortwährende Leistungssteigerung der Technologie, umfassende Digitalisierung und konsequente Automatisierung sind die Eckpfeiler der technologischen Entwicklung. Wichtige Technologien der nächsten Jahre sind:

- ☆ **Big Data**: Gewaltige Datenspeicher werden immer preisgünstiger und ermöglichen, die riesigen Datenmengen auch des Internet of Things zu organisieren.
- ☆ **Internet of Things:** Das Internet der Dinge und digitalisiertes Material durchdringen nicht nur die Geschäftswelt, sondern das tägliche Leben.
- ☆ **Digitaler Zwilling**: Das virtuelle Abbild realer Objekte erlaubt Simulationen, die viele Szenarien in kurzer Zeit durchspielen, selbst wenn das reale Objekt noch nicht existent ist.
- ☆ **Künstliche Intelligenz**: KI wird immer neue Leistungsschübe erfahren und ein Standardbestandteil von Software aller Art werden.
- ☆ **3D-Druck und Smart Lot:** Die Fabrik der Zukunft wird durch additive Fertigung und Smart Lot neu strukturiert. Die Komplexität verlagert sich in die Entwicklung, Planung und das Produkt selbst.
- ☆ **Robotik**: Roboter werden mobil, mit Künstlicher Intelligenz angereichert und in vielen Formen auch als autonome Fahrzeuge zu Lande, zu Wasser und in der Luft vielfältig eingesetzt. Roboter werden ein ständiger Begleiter des Menschen in allen Lebenslagen werden.
- ☆ **Digitale Realität**: Die Verbindung von analoger und digitaler Welt gestaltet für Menschen eine neue Wirklichkeit. Digitale Realität durchdringt den Alltag.
- ☆ **Digitalgeld**: Technologien wie Kryptographie und Blockchain sind die Grundlage für das Management der Rechte. Auf diesen bauen digitales Geld und digitale Verträge auf.

Es ist nicht immer notwendig, neue Ideen zu entwickeln, wenn man vorhandene Ideen nutzen kann. Die Fragestellung ist folglich, wann und wie eine Idee realisierbar ist, welchen Kontext sie für ihre Umsetzung benötigt. Neben Ideen ist auch die Beobachtung von Trends ein wichtiges Instrument, um Innovationen zu finden.

Trends adaptieren

Zum innovativen Mindset gehört das Erkennen und Beobachten langfristiger Trends sowie ihre Umsetzung in eigene Produkte und Dienste. Für eine massive Veränderung bedarf es nicht unbedingt einer neuen Technologie. Es genügt manchmal schon, Bestehendes deutlich besser zu machen. Deutlich heißt aber nicht nur ein wenig besser, sondern um den Faktor 10, 100 oder gar 1000.

Revolutionäre Technologien kommen oft schleichend, um dann schlagartig zu explodieren. Anfangs sind sie teuer, nur wenige können es sich leisten, sie zu kaufen. Manchmal sind diese Technologien lange Zeit einfach nicht praktikabel, wie z. B. der Radnabenmotor. Doch plötzlich verbessern sich die Rahmenbedingungen, eine Technologie wird leistungsstärker und billiger. Schlagartig strömt diese Technologie sodann in den Massenmarkt und überrascht etablierte Unternehmen.

Der PC ist ein schönes Beispiel, wie ein Nischenhobby in kurzer Zeit die Computerwelt verändert hat. Aus einer Garagenbastelei der Applegründer wurde in wenigen Jahren ein Industriezweig mit Auswirkungen auf viele andere Branchen. Die Leistungssteigerung bei Akkus ist ein weiteres Beispiel und sorgt für eine große Wiedergeburt des Elektromotors bei Fahrzeugen mit Disruptionen für die gesamte Automobilindustrie weit über den Motor hinaus. Was also sind die wichtigsten Trends der Digitalisierung?

1. Digitalisierung
Digitalisierung ist die Grundlage für einen epochalen Wandel in Wirtschaft und Gesellschaft sowie im täglichen Leben. Aus diesem Grund ist die Digitalisierung selbstredend der wichtigste Trend.

2. Leistungssteigerung

Vielleicht sind die heutigen IT-Systeme noch nicht in der Lage, bestimmte Anwendungen zu leisten. Sei es, weil die Speicherkosten noch zu hoch sind oder die Software zu komplex wäre. Doch die Entwicklung schreitet beständig voran. Die Frage ist nicht, ob etwas möglich ist, sondern wann.

3. Standardisierung

DIN und ISO sind voller Erfolgsgeschichten durch Standardisierung, wie der MP3-Standard ISO 11172-3 für digitale Musik oder ISO 668 für den Container im Transportwesen. Digitale Standards haben das maximale Potential sofort, überall und für jeden verfügbar zu sein. Standards sind der Hebel, um die Leistungsentwicklungen zu nutzen und Skaleneffekte zu erzielen.

4. Automatisierung

Digitalisierung, Leistungssteigerung und Standardisierung sind die Basis für eine immer breitere Automatisierung. Automatisierung senkt die Kosten und ermöglicht Unternehmen, schnell zu reagieren. Die Automatisierung ist an sich nichts Neues. Neu ist allerdings, dass die Möglichkeiten, Prozesse zu automatisieren, rapide zunehmen.

5. Sofort, überall, für jeden.

Dieser Trend basiert darauf, dass Dienste und Produkte sofort, überall und für jeden verfügbar sind. Auf jedem Gerät, egal ob Smartphone, Tablet oder TV. Auf jedem Kanal, egal ob Facebook oder Twitter. In jedem Haus, in jedem Unternehmen. Auf jedem Teil der Erde, unabhängig davon, ob in Amerika oder auf Zypern.

6. Netzwerkeffekte und Plattformen

Je mehr Nutzer es gibt, desto schneller wächst der Nutzen eines Systems. Bei Marktplätzen wie eBay führen mehr Nutzer zu einem größeren Angebot, was wiederum zu mehr Nutzern führt. Wer auf Netzwerkeffekte setzt, muss sich also überlegen, wie er schnell zu einer großen Zahl von Nutzern kommt. Aber nicht immer kommt es auf die Anzahl der Nutzer an. Wer Power-User für sich gewinnt, hat unter Umständen schnell einen hohen Nutzungsgrad.

7. Individualisieren

Digitale Systeme sind, wie dargestellt, extrem flexibel. Die Personalisierung, die Individualisierung kann vollständig auf die einzelne Person abgestimmt werden und das sogar dynamisch, je nach Befindlichkeit und nach Bedürfnis. Jeder Mensch bekommt seine eigene Welt. Aus Sicht des Anbieters geht es nicht nur darum, es dem Kunden so angenehm wie möglich zu machen, sondern auch jeden Wechselwunsch schon im Keim zu ersticken sowie die Wechselkosten möglichst hoch anzusetzen – der so genannte Lock-in-Effekt.

8. Zentral und Dezentral

Zwischen zentralen und dezentralen Systemen herrscht seit langem ein Wettstreit. Die Cloud zentralisiert sehr stark, während Mobilgeräte die Dezentralisierung antreiben. Das Prinzip ‚Plattform' zentralisiert einerseits global, andererseits ist der Zugang weltweit dezentral möglich. Statt „zentral oder dezentral" muss es „zentral und dezentral" heißen. Die Herausforderung steckt darin, die richtige Verteilung zu gestalten.

9. Vorhersage

Was bringt die Zukunft? Was will der Kunde morgen und was könnte er wollen? Wann versagt das Bauteil? Wahrsagen wird endlich möglich und die Werkzeuge dafür sind u.a. Monitoring, Big Data, Predictive Analytics und KI.

10. Geschäftsmodell

Last but not least sind Geschäftsmodelle selbst zu einem Trend geworden und ein sich rasant entwickelnder Markt.

Diese Trends erzeugen Innovationen. Ein Trend folgt dabei selten einer linearen Entwicklung. Exponentielles Wachstum und Ereignisse mit disruptiver Wirkung sind typisch für diese Trends. Extreme Thinking ist ein Weg, Disruptionen in Trends zu erkennen. Wie Ideen und Trends durch einen neuen Kontext strukturiert zu Innovationen führen, sehen wir im folgenden Kapitel.

Ubiquitous Computing

Das lateinische „ubique" bedeutet „überall" und Ubiquitous Computing meint die Allgegenwart der Rechner. Noch kleinere Geräte als heutige mobile IT-Geräte werden kaum mehr sichtbar sein und mit realen Gegenständen verschmelzen. Der Begriff wurde 1991 von dem amerikanischen Informatikwissenschaftler Mark Weiser geprägt.

Edge Computing

Am „Rande" des Internets, dort wo der Übergang zur letzten Meile zum Endverbraucher ist, stehen Server mit großen Speichern, die zum Beispiel Bilder und Videos für die schnelle Übermittlung zwischenspeichern oder auch Vorverarbeitungen durchführen können. Ein Netzwerk solcher Speicherserver wird als Content Delivery Network (CDN) bezeichnet und von verschiedenen Unternehmen wie Akamai oder Level 3 als Dienstleistung angeboten.

Fog Computing

Das schöne Bild vom Fog Computing illustriert einen dezentralen „Nebel" in dessen Tröpfchen (verteilte Rechner) die Vorverarbeitung erfolgt. Lokale Computer übernehmen etwa im Internet der Dinge ein Teil der Datenverarbeitung, so dass der Übertragungsaufwand reduziert werden kann. Fog Computing wird Cloud und Server entlasten, aber nicht ersetzen. Ist die Rechenleistung in das Ding selbst integriert, so spricht man auch von Mist Computing (feiner Nebel, Dunst).

Kontext wechseln

Ein weiterer Bestandteil des innovativen Mindsets ist der Wechsel einer Position sowie, konkrete Ideen und Produkte in einen neuen Kontext zu setzen:

1. Wechsel des Ziels

Wechseln Sie den Markt, erweitern Sie das Produkt, finden Sie neue Anwendungsmöglichkeiten. Was für die Geschäftswelt gut ist, kann auch im Privatbereich nützlich sein und umgekehrt. Was Monitoring für das Unternehmen bedeutet, ist Self-Tracking für Privatpersonen. Erschließen Sie eine andere Altersgruppe oder expandieren Sie in andere Länder. Die Kundensegmentierung ist ein Instrument, um neue Zielgruppen zu finden.

2. Wechsel der Grundlage

Tauschen Sie die Grundlagen aus. Software statt Hardware, Programmierung statt Konstruktion, Optik statt Elektronik, Funk statt Kabel. Die Computernetze wurden mit dem Wechsel vom Kabel zum Äther mobil.

3. Wechsel der Größenordnung

Die Computergeschichte ist auch eine Geschichte des ständigen Verkleinerns bei gleichzeitiger Leistungssteigerung. Der Weg führte vom Großrechner über den PC zum Smartphone. Das World Wide Web verbindet das Kleine (Verknüpfung von Texten) und das Große (Verknüpfung von Computern) – Größenordnungen im Wechselspiel.

4. Wechsel der Kraft

Wechsle die Kraftquelle: Selbstbedienung statt Service durch Personal, elektrischer Antrieb statt Benzinmotor, Sonnenenergie statt Kohlenfeuer.

5. Wechsel der Richtung

Das Produkt ist nicht mehr passives Werkstück, sondern sucht sich seinen Produktionsweg aktiv selbst. Der umgekehrte Weg – Aufsaugen statt Wegblasen, Pull statt Push – stand Pate bei der Entwicklung des Staubsaugers.

6. Trennen

Modularisieren Sie das Produkt, und machen Sie aus jeder Komponente ein eigenes Produkt. Der PC kann durch Einsteckkarten, etwa für Grafik oder Netzwerk, nach Bedarf zusammengebaut werden. Der Schlüssel zum Erfolg dieses flexiblen Konzepts sind die standardisierten Steckplätze.

7. Zusammenfügen

Integrieren Sie die Einzelteile in ein einziges neues Teil. Durch die Integration können nicht nur Kosten gesenkt, sondern meist auch die Leistung gesteigert und Synergien erzielt werden. Beispiele: Smartphone, Multifunktionsdrucker, Schweizer Taschenmesser, Flugauto.

8. Systemimmanent

Es ist einer der Schlüsselfaktoren, die Strukturen so umzubauen, dass Veränderung systemimmanent wird. Jeder Prozess oder jedes Bauteil ist dann ganz selbstverständlich Teil des Ganzen.

9. Flexibilisieren

Flexibilisieren Sie das Produkt, indem Sie es parametrisieren, etwa das programmierbare Auto. Auch Smart Lot ist eine Möglichkeit, ein Produkt zu flexibilisieren. Software macht Produkte flexibel.

10. Beseitigen

Wie kann ein Bauteil einfach abgeschafft werden? Beispielsweise mit dem Radnabenmotor wird das analoge Getriebe ersatzlos gestrichen.

Es gibt viele innovative Ideen, die noch nicht umgesetzt sind. Die Kombination mit und aus verschiedenen Trends ergibt bereits zahlreiche Möglichkeiten. In Verbindung mit diesen Kontexten explodiert das innovative Potential.

Wandel organisieren

Es ist gut, ein Konzept zu haben. Es ist gut, einen Business Plan zu haben. Es ist gut, einen Masterplan zu haben. Es ist gut, langfristig zu agieren. Interessanterweise ist die Informationstechnologie nicht so unberechenbar und unvorhersehbar wie man oft vermutet. Die fortwährende Steigerung der Leistung und die Verkleinerung der Bauteile sind seit der Geburtsstunde der IT in den 1940er Jahren beständige Grundlage der Entwicklung. Das geschieht nicht plötzlich, sondern findet geradezu wie ein Naturgesetz statt.

Der Umsturz erfolgt, weil an bestimmten Punkten der Entwicklung Anwendungen möglich sind, die bislang aufgrund zu hoher Kosten oder gar aus technischen Gründen nicht durchführbar waren. Doch schlagartig, wie die Eisschmelze ab 0°C, kippt das Ganze und aus dem Großrechner wird ein PC oder aus einem einfachen Mobiltelefon ein Smartphone.

Deshalb kann es erforderlich sein, das eigene Geschäftsmodell zu revolutionieren, bevor es ein anderer tut und das eigene Unternehmen nicht schnell genug nachziehen kann. Unter Umständen muss das Geschäftskonzept radikal geändert werden.

Den eigenen Umsturz zu planen, ist leicht gesagt. Schon die Frage, ob ein Geschäftsmodell wirklich obsolet ist, lässt sich nur schwer beantworten, insbesondere bevor es in die Krise gerät. Prognosen sind bekanntlich schwierig, wenn sie die Zukunft betreffen.

Das klassische Change Management ist ein Eingriff in die Bestandsorganisation, der außerhalb der normalen Abläufe durchgeführt wird. Für permanente

Veränderung im Kleinen wie Großen ist eine Organisation erforderlich, in der Veränderung systemimmanent ist. Dann ist die Veränderung kein Umbruch mehr, sondern Teil der Organisation.

Die Strategie ist, dass der Wechsel nicht geplant werden muss, weil die permanente Veränderung durch geeignete Strukturen zum Wesen der Organisation gehört.

In diesem Kapitel haben wir Denkweisen für Veränderung erarbeitet. Im nächsten Kapitel entwickeln wir die Instrumente für ihre Anwendung. Und in den darauf folgenden Kapiteln geht es explizit darum, wie man Veränderungen systemimmanent macht.

☆ **Reitest Du ein totes Pferd, so steige ab.**

ZUSAMMENFASSUNG Kapitel 7

☆ Lost Champions haben den eigentlichen Kern ihres Geschäftsmodells nicht verstanden.

☆ Verstehen Sie Ihr Business.

☆ Der innere Wert ist Basis für erfolgreiches Handeln.

☆ Extreme Thinking ist ein Stilmittel des Fortschritts.

☆ Ideen, Trends und Kontexte führen in Kombination zu einer großen Zahl potentieller Innovationsmöglichkeiten.

☆ Die Fähigkeit zur Veränderung wird systemimmanent organisiert.

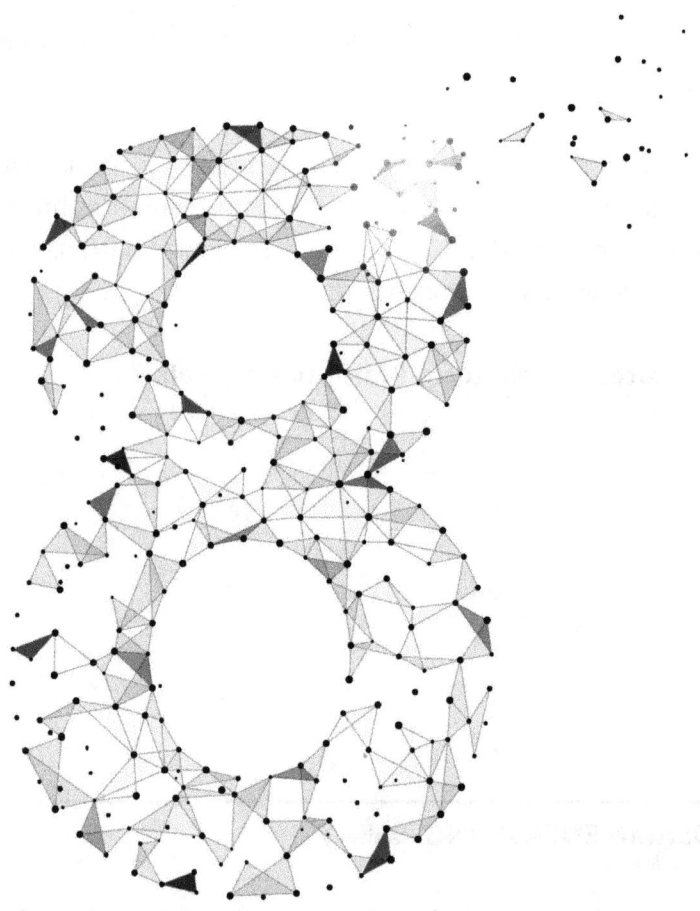

PERMANENTE
REVOLUTION

Permanente Revolution

Es wird in Laboratorien geforscht, es gibt betriebliches Vorschlagswesen und vieles mehr, um Innovationen zu erzeugen. Das meiste dient der Verbesserung des Bestehenden. Die Frage ist daher: Wie kommt man von der schrittweisen Veränderung zur radikalen Revolution?

Es gibt Geschichten von zufälligen Entdeckungen wie das Penicillin oder geniale Einfälle wie das archimedische Prinzip („Heureka!"). Unternehmen haben keine Einfälle, sondern müssen ihre Innovationsfähigkeit durch organisatorische Strukturen erarbeiten.

☆ **Es gilt, die Unternehmensorganisation dauerhaft so umzugestalten, dass aus erhaltenden Strukturen treibende Kräfte werden.**

Die Idee der schöpferischen Zerstörung von Joseph Schumpeter 1942 besagt, dass wirtschaftliche Entwicklung die schöpferische Zerstörung des Bestehenden erfordert. Auch „disruptiv" bedeutet zerstören. Bestehendes wird zerstört und Neues entsteht.

Wie verhindert man also, dass das eigene Unternehmen ein Lost Champion wird? Was benötigt ein Unternehmen, um sich ständig neu zu erfinden?

Erforderlich sind systematische Vorgehensweisen, die in wenigen Schritten das innovative Mindset zur Anwendung bringen, um innovative Produkte und Geschäftsmodelle zu entwickeln.

Design Thinking

Viele Unternehmen sind noch in den viel zitierten Silos gefangen. Jede Abteilung lebt für sich. Die Kernidee von Design Thinking ist, genau diese Grenzen zu überwinden. Zugleich will Design Thinking die verschiedenen Schritte der Ideenfindung in eine Struktur bringen. Es geht beim Design Thinking also nicht um Design an sich, sondern um ein Prinzip, das angelehnt an die Vorgehensweise von Designern ist. Design Thinking ist auch nicht auf die IT beschränkt, sondern ist ein methodisches Vorgehen für Veränderung in allen Bereichen.

Bei Design Thinking handelt es sich um ein Phasenkonzept für Innovationsentwicklung, das je nach Lehrweise und Bedarf auch Iterationen beinhalten kann, aber nicht muss. Eine allgemeine Definition von Design Thinking existiert nicht, so dass sich je nach Philosophie Unterschiede ergeben. Typischerweise jedoch gliedert sich Design Thinking in sechs Phasen.

Innovation benötigt gemäß Design Thinking kreative Gestaltungsräume. Design Thinking spricht hier im doppelten Sinne von Frei-Räumen und meint dies auch ganz praktisch, mit entsprechenden variablen Räumlichkeiten. Design Thinking ist eine strukturierte Methode, um Silo-Strukturen zu überwinden und verschiedene Mitarbeiter aus unterschiedlichen Bereichen in multidisziplinären Teams ins Gespräch zu bringen. Allerdings hat dies häufig den Charakter eines Workshops. Die Silos werden vorübergehend verlassen, aber strukturell bleiben sie bestehen. Design Thinking ist ein Schritt in die richtige Richtung. Jedoch greifen einzelne Workshops zu kurz. Vielmehr sollten die Strukturen geeignet sein, permanente Innovation und Veränderung systemimmanent voranzutreiben. Wie ein Unternehmen methodisch und strukturell auf Innovation ausgerichtet wird, behandeln die folgenden Kapitel.

Research

1 Aufgabe und Problem untersuchen, bisherige Vorgehensweise analysieren.

Empathise

Intensive Beschäftigung mit der Zielgruppe durch genaue Beobachtung und Befragung. **2**

Define

3 Gesammelte Daten auswerten, Einsichten gewinnen, einen Point of View definieren.

Ideate

Durch Kreativitätstechniken möglichst viele, durchaus auch radikale Lösungsideen finden. **4**

Prototype

5 Ausgewählte Ideen als Prototyp ausarbeiten, etwa als digitales oder analoges Modell.

Test

Prototyp testen und Erfahrungen auswerten: „Schnell scheitern und oft". **6**

Design driven Innovation

Marktgetriebene Innovationen sind meist Verbesserungen und Fortentwick-
lungen bestehender Produkte. Typischerweise sind solche Innovationen gra-
duelle Verbesserungen. Das Waschmittel wäscht jetzt noch weißer und das
Joghurt schmeckt jetzt noch cremiger.

Revolutionäre Produkte wie die Erfindung des Autos oder Smartphones sind
nicht marktgetrieben, sondern designgetrieben. Roberto Verganti spricht von
„Design Driven Innovation". In seinem gleichnamigen Buch zeigt er auf, wie
man eine neue Vision kreiert und wie man sie dem Kunden erfolgreich an-
preist. Design Driven Innovation ist eine Push-Strategie verbunden mit einem
Prozess.

☆ **Designgetrieben versus marktgetrieben.**

Es geht nach Verganti um das „Warum" eines Produkts – die tiefgründigen psychologischen und kulturellen Gründe, warum Menschen das Produkt benutzen. Bedeutungen spiegeln die psychologischen und kulturellen Dimensionen
des Menschseins wider. Wie wir den Dingen Bedeutung geben, hängt stark von
unseren Werten, Überzeugungen, Normen und Traditionen ab.

Design versteht Verganti als den „Sinn der Dinge" zu gestalten. Es geht primär
nicht um Kreativität, sondern darum, den Sinn zu verstehen. Dies entspricht
dem schon dargestellten „inneren Wert".

Das Unternehmen betrachtet Menschen in einem sich wandelnden soziokul-
turellen Kontext. Um mögliche, neue Bedeutungen wirklich begreifen zu kön-

nen, tritt das Unternehmen zurück und betrachtet das große Bild: Wie könnten Menschen in einem noch nicht existierenden Szenario leben und dabei Anregungen für neue Ideen erhalten?

Dazu schafft sich das Unternehmen ein Netzwerk an „Bedeutungsdolmetschern". Das sind Künstler, Forscher, Technologielieferanten, Kommunikatoren oder Entwickler von wegweisenden Projekten. Mit ihrer Expertise in der Beobachtung und Analyse von Gesellschaft, Kultur und Märkten können diese Dolmetscher schnell ein Bild davon geben, wie Menschen aufkommende Trends für sich interpretieren und Unternehmen darauf reagieren können.

☆ **Designgetriebene Unternehmen achten nicht nur auf den Kunden, sondern vor allem auf den Menschen.**

Designgetriebene Unternehmen wandeln die Bedeutung von Produkten und liefern den Kunden neue Anregungen und Vorschläge. Bang & Olufsen hat aus Unterhaltungselektronik einen Einrichtungsgegenstand gemacht. Apple erschuf aus Bürogeräten Lifestyle-Produkte. Artemide wandelt die Bedeutung von Leuchten in Designobjekte zur Schaffung von Wohnraum-Atmosphäre.

Der Prozess der Design Driven Innovation besteht aus Zuhören und Experimentieren, um dann einen einzigartigen Vorschlag zu entwickeln. Der Prozess erfolgt nach Verganti in drei Schritten:

☆ Im ersten Schritt nutzt ein Unternehmen die Kenntnisse der Bedeutungsdolmetscher und hört ihnen zu, was sie „draußen" erfahren.

☆ Im zweiten Schritt entwickelt das Unternehmen seinen einzigartigen Vorschlag durch explorative Experimente statt improvisierter Kreativität. Dies ist eher ein wissenschaftlich-technischer Prozess als der einer klassischen Kreativagentur.

☆ Im dritten und letzten Schritt nutzt das Unternehmen wieder seine Dolmetscher, um den Boden für den einzigartigen Vorschlag zu bereiten.

Bei technologischen Innovationen oder Leistungssprüngen kommt es darauf an, dass die tiefere Bedeutung der jeweiligen Technologie verstanden wird. Erst dann kann sie für eine grundlegende Veränderung genutzt werden.

Roberto Verganti betont den gestalterischen Ansatz mit Bezug zum Menschen, den inneren Wert eines Produkts und seiner wandelbaren Bedeutung, die organisatorische-strukturelle Kreativität und die Einzigartigkeit des Vorschlags.

Im folgenden Kapitel sehen wir, dass Einzigartigkeit nicht notwendigerweise auf einer einzigartigen Idee beruhen muss, sondern durch den gestalterischen Prozess entwickelt werden kann.

★ Innovationsstrategie	Erläuterung
☆ Leistungssteigerung	Quantensprünge in der Produktleistung aktiviert durch bahnbrechende Technologien.
☆ Verbesserung	Verbesserte Produktlösungen durch bessere Analyse der Nutzerbedürfnisse.
☆ Bedeutungswechsel	Radikale Innovation von Bedeutung.

Innovationsstrategien nach Roberto Verganti

☆ **„Hätte ich die Leute gefragt, was sie wollen, hätten sie gesagt: Ein schnelleres Pferd."** *Henry Ford*

Der blaue Ozean

W. Chan Kim und Renée Mauborgne beschreiben in ihrem Buch „Der Blaue Ozean als Strategie" das Ziel, lieber allein im blauen Ozean den Rahm abzuschöpfen, als im roten Ozean mit den Haifischen im Wettbewerb zu stehen.

Die Grundidee basiert darauf, dass man, anstelle der technologischen Innovation durch Rekombination von Bestehenden, eine neue Nutzeninnovation erzeugt. Kim und Mauborgne beschreiben ihre Vorgehensweise am Beispiel des Cirque du Soleil wie folgt:

1. Analysiere die Schlüsselfaktoren des aktuellen Marktes:
In der Welt des Zirkus sind folgende Faktoren entscheidend: Preis, Stars, Tiere, Imbissverkauf, große Manege, Spaß und Humor, Sensation und Gefahr sowie der Veranstaltungsort.

2. Minimiere alle Faktoren, die teuer sind und wenig Nutzen stiften.
Im Beispiel von Cirque du Soleil wurden Stars, Tiere, Imbissverkauf und die große Manege gestrichen sowie die Faktoren Spaß und Humor wie auch Sensationen und Gefahr reduziert. Dadurch konnte die Kostenstruktur deutlich verbessert werden und Risiken minimiert werden. All diese Faktoren sind nicht zwingend für die Erlebnisgestaltung. Sie können durch andere Faktoren ersetzt werden, wie im nächsten Punkt zu sehen ist.

3. Entwickle neue Faktoren hinzu und steigere bestehende.
Cirque du Soleil kreierte neue Faktoren hinzu: Attraktives Thema, kultivierte Umgebung, Mehrfachproduktion, künstlerischer Tanz und Musik. Gesteigert wurde auch der Faktor ‚einzigartiger Veranstaltungsort'. Die neuen Faktoren

gibt es prinzipiell zwar schon, nur wurden sie in diesem Markt vom klassischen Zirkus nicht oder kaum verwendet. Dadurch konnte sich dieser Zirkus als etwas Besonderes, als etwas Einzigartiges, positionieren.

Die Autoren fokussieren sich darauf, bestehende Faktoren hinzuzufügen; diese sind generell zwar verfügbar – etwa in anderen Branchen – kommen aber im Bestandsmarkt nicht zur Anwendung. Da es allerdings möglich ist, bei der Neukombination auch neue Technologien oder innovative Faktoren einzubauen, ist diese Vorgehensweise ganz allgemein auch für die Positionierung von Innovation geeignet.

Mit dem innovativen Mindset haben wir bereits ein praktisches Instrument, um Ideen und Geschäftsmodelle im Lichte von Trends und Kontexten zu betrachten. Die Autoren kommen durch ihr Vorgehen zum ERSK-Quadrat. ERSK steht für Eliminierung, Reduzierung, Steigerung und Kreierung:

★ Eliminierung	★ Steigerung
☆ Stars ☆ Tiere ☆ Imbissverkauf ☆ Große Manege	☆ Einzigartiger Veranstaltungsort
★ Reduzierung	★ Kreierung
☆ Spaß und Humor ☆ Sensationen und Gefahr	☆ Attraktives Thema ☆ Kultivierte Umgebung ☆ künstlerische Musik und Tanz ☆ Mehrfachproduktion

Am obigen Beispiel Cirque du Soleil zeigen die Autoren, wie das ERSK-Quadrat einen einfachen Überblick über die Faktoren gibt und wie diese zwischen den Quadranten verschoben werden können.

Der Bereich „Steigerung" ist gerade für die IT mit der ständigen Zunahme der Leistung bei sinkenden Kosten fortlaufendes Potential, andere Faktoren zu verstärken.

Im Bereich „Kreierung" bietet es sich an, nicht nur bekannte Faktoren hinzuzufügen, sondern auch tatsächliche Innovationen. Beim Auto wäre dies beispielhaft der Radnabenmotor.

☆ **90 % aller Geschäftsmodell-Innovationen sind Rekombinationen von Bestehendem.** *Untersuchungsergebnis Universität St. Gallen*

Durch diese Neukombination von Faktoren erreichte der Cirque du Soleil nicht nur sinkende Kosten, da teure Tiere und Stars abgeschafft wurden, sondern es gelang ihnen auch, neue Kundenschichten anzusprechen. Die Frage ist: Was will der Nicht-Kunde?

Auch das ist ein strategischer Teil, den die Autoren bewusst einsetzen: Neue Geschäftsmodelle erreichen bisherige Nicht-Kunden. Durch die Neukombination von alten und bekannten Strukturen, gepaart mit Neuerungen bzw. innovativen Ideen werden Marktstrukturen verändert und neue Märkte erschlossen – ein blauer Ozean.

Die Autoren empfehlen, dass sich ein Unternehmen beständig auf die Suche nach neuen blauen Ozeanen begeben sollte; denn sobald ein neuer Ozean geschaffen wurde, versuchen andere ebenfalls, den Markt zu erobern. Man bleibt nur solange allein, bis sich Erfolg eingestellt hat. Zu den Strategien für blaue Ozeane gehört die Schaffung neuer Märkte, neue Nachfrage zu erschließen und dem Wettbewerb auszuweichen.

Die Methode der Kombination bestehender Elemente zu neuen Geschäftsmodellen ist in software-definierten Produkten, in der software-definierten Industrie sowie in den vielfältigen Netzwerkstrukturen ein Grundprinzip für digitale Geschäftsmodelle. Die Digitalisierung, die Software, ist der Treiber hochdynamischer Geschäftsszenarien.

★ Strategien für rote Ozeane	★ Strategien für blaue Ozeane
☆ Wettbewerb im vorhandenen Markt	☆ Schaffung neuer Märkte
☆ Die Konkurrenz schlagen	☆ Der Konkurrenz ausweichen
☆ Die existierende Nachfrage nutzen	☆ Neue Nachfrage erschließen
☆ Direkter Zusammenhang zwischen Nutzen und Kosten	☆ Aushebelung des direkten Zusammenhangs zwischen Nutzen und Kosten
☆ Ausrichtung des Gesamtsystems der Unternehmensaktivitäten an der strategischen Entscheidung für Differenzierung **oder** niedrige Kosten	☆ Ausrichtung des Gesamtsystems der Unternehmensaktivitäten auf Differenzierung **und** niedrige Kosten

W. Chan Kim und Renée Mauborgne „Der Blaue Ozean als Strategie"

Die Disruption

Den Begriff „Disruption" prägte 1997 Clayton Christensen, Professor an der Harvard Business School, in seinem Buch „The Innovator's Dilemma", um deutlich zu machen, wie eine Technologie, ein Produkt oder gar ein Unternehmen durch Innovation verdrängt wird. Christensen versteht unter ‚disruptiv' die Entwicklung eines neuen Marktes, d.h. Nichtkonsumenten werden zu Konsumenten, oder das Aufrollen eines bestehenden Marktes ausgehend von einem unteren Segment, das von der Branche vernachlässigt wird. Etablierte Unternehmen dagegen konzentrieren sich auf Bestandskunden und die Optimierung ihrer bestehenden Produkte und Strukturen. Dies erklärt, warum etablierte Unternehmen oft an Technologiesprüngen scheitern.

Abweichend von Christensens Definition wird ‚disruptiv' im allgemeinen Sprachgebrauch auch für massive Veränderungen in bestehenden Märkten verwendet. Die Verwendung von ‚disruptiv' in diesem Buch meint schlagartige und/oder grundlegende Veränderung.

Eine Disruption im Sinne einer schlagartigen Veränderung zeigt sich auf verschiedene Weisen:

☆ **Schwellenübergang**
Beim Schwellenübergang wird Wasser zu Eis (Aggregatswechsel). Schlagartig ist es möglich, über einen See zu laufen. Bei technologischen Entwicklungen gibt es häufig solche Schwellenübergänge: Großrechner, Minirechner, PC, Laptop, Smartphone. Die Leistung eines Großrechners aus den 1980er Jahren steckt heute in jedem Smartphone. Anstatt Millionen kostet das Gerät heute unter 1.000 Euro.

☆ **Bedeutungswechsel**

Beim Bedeutungswechsel wird ein Produkt oder Service in einen neuen Kontext gestellt. So wird ein rationales Werkzeug zu einem emotionalen Lebensgefühl. Oder Produkte werden geteilt statt sie in Besitz zu nehmen.

☆ **Neukombination**

Durch Neukombination entstehen Innovationen, obwohl jede einzelne Komponente nicht notwendigerweise neu oder gar revolutionär sein muss, wie etwa bei der Dampfmaschine und der Schiene für die Eisenbahn.

☆ **Austausch der Grundlage**

Der Austausch der Grundlage löst meist eine starke Innovation aus. Beispiele sind der Elektromotor als Ersatz für den Benzinmotor oder optische anstelle elektrischer Übertragungsleitungen. Der mächtigste Austausch einer Grundlage ist die Digitalisierung, die Umstellung von analog auf digital.

★ Innovationsart	★ Entwicklungsweise
☆ Evolutionäre / Inkrementelle / Erhaltende Innovation	☆ Weiterentwicklung des Bestehenden; Markt als auch Kunden bleiben im Wesentlichen unverändert.
☆ Revolutionäre / Radikale / Disruptive Innovation	☆ Innovation mit wesentlicher Änderung oder Neuerung; erhebliche Veränderung eines Marktes oder Schaffung eines neuen Marktes.

Die Disruption verändert Strukturen grundlegend. Dabei ist revolutionäre Innovation möglich, ohne dass die Bestandteile selbst innovativ sein müssen. Ähnlich wie in der Natur mit Mutation und Rekombination einer DNA kann auch in der digitalen Welt eine kleine Veränderung zu einer Disruption führen. Evolution trifft Disruption.

Digitale Geschäftsmodelle

Auch wenn es keine allgemein akzeptierte Definition eines Geschäftsmodells gibt, so sind die Elemente, die üblicherweise vertreten sind, folgende:

☆ **Der innere Wert,** das Angebot und der Nutzen für die Kunden sowie die Ziele des Unternehmens.

☆ **Die Kunden**: Zielgruppen, Beziehungsmanagement, Marketing und Vertrieb, Service und Support.

☆ **Das Verhaltensmodell** und die Eigenschaften des Geschäftsmodells.

☆ **Die Wertschöpfungskette**: Die Aktivitäten zur Herstellung der Werte unter Einsatz von Partnern, Mitarbeitern und Zulieferungen.

☆ **Die Finanzen** mit dem Erlösmodell, der Kostenstruktur und der Finanzierung sowie der Gewinnverteilung.

Wenn Märkte ausdifferenzieren und durch Innovationen auf der Produkt- und Dienstleistungsseite, aber auch auf der Seite der Unternehmensorganisation, ausgereizt sind, dann können sich Unternehmen nur weiterentwickeln, indem sie ihr Geschäftsmodell neu ausrichten.

War dies einst ein eher seltener Vorgang, der sich auch über einen längeren Zeitraum erstrecken konnte, so nimmt mit der Digitalisierung und Globalisierung der Wettbewerb von Geschäftsmodellen beständig zu. Die methodische Arbeit mit Geschäftsmodellen ist ein aufstrebendes Fachgebiet geworden.

Die sieben Geschäftsmodelle sind nach den Autoren des Buches Simply Seven:

★ Erlösmodell	Beschreibung	Beispiele
☆ Dienst (Service Sales)	Ein einzigartiger Dienst oder Produkt	Skype
☆ Abo (subscriptions)	Ein langfristiger Dienstleistungsvertrag	Blizzard Entertainment
☆ Vertrieb (retail)	Verkauf von Produkten	Amazon, Alibaba
☆ Gebühr (commissions)	Anteil am Umsatz einer Transaktion	eBay
☆ Werbung (advertising)	Werbegebühr	Google
☆ Lizenzen (license sales)	Verkauf digitaler Produkte	Apple
☆ Finanzmanagement (financial management)	Geld mit Geld verdienen	Hat sich noch nicht herausgebildet

Simply Seven betrachtet Geschäftsmodelle von der Erlösseite. Die ist zweifellos wichtig, aber es stellt eben nur eine Sichtweise dar. Eine andere Sicht auf Geschäftsmodelle könnte die Kundensegmentierung sein.

Einen guten Überblick gibt die verhaltensorientierte Sicht. Verschiedene Parameter können unterschiedliche stark in die eine oder andere Richtung gesetzt werden. Ein Unternehmen kann beispielsweise eine starke öffentliche Bekanntheit anstreben, aber auch als Hidden Champion sich ganz auf die Zusammenarbeit mit seinen Kunden konzentrieren. Die Integration kann mehr horizontal oder mehr vertikal erfolgen. Ein Unternehmen kann eine Nische in einem Markt besetzen oder die Marktführerschaft anstreben. Beim Preis kann eine Diskont-Strategie angestrebt werden oder eine Hochpreis-Strategie.

Muster für ein verhaltensorientiertes Geschäftsmodell:

Verhalten		Ausprägung	
Präsenz	Hidden		Marke
Kunde	Businesskunde		Endkunde
Region	Lokal		Global
Agilität	Traditionell		Hochagil
Führerschaft	Follower		Pionier
Technologie	Analog		Digital
Skalierbarkeit	Niedrig		Hoch
Differenzierung	Niedrig		Hoch
Integration	Horizontal		Vertikal
Marktmacht	Nische		Marktführer
Wertigkeit	Economy		Premium
Fertigungstiefe	Make		Buy
Modularität	Proprietär		Open
Produktbreite	Spezialist		Long Tail
Preis	Günstig		Hochpreisig
Vertrieb	Handel		Direkt

Die Ausprägung kann in einfachen Stufen, etwa 1 bis 5, erfolgen, oder auch als Prozentwert von 0% bis 100% dargestellt werden. Das Verhaltensmodell stellt die Position eines Unternehmens gegenüber dem Markt dar. Ein entsprechendes Profil beantwortet verständlich und übersichtlich die Frage: „Wie ist das Unternehmen im Markt positioniert?"

Diese Betrachtungsweisen von Geschäftsmodellen sind universell und nicht auf das Digitale beschränkt. Auch die Vorgehensweise zur Entwicklung von Produkten, Services und Geschäftsmodellen sind nicht auf digitale Modelle beschränkt. So ist das Beispiel Cirque du Soleil ist sehr weit vom Thema Digitalisierung entfernt.

Die mit der Digitalisierung einhergehende hohe Geschwindigkeit und Reichweite von Veränderung hat das Thema Geschäftsmodell in den Mittelpunkt gerückt. Es ist notwendig geworden, das eigene Modell ständig zu hinterfragen und immer wieder zu verändern, manchmal innerhalb von Monaten oder gar Wochen. Wer sich nicht beständig des eigenen Geschäftsmodells versichert und dieses weiterentwickelt, kann in kurzer Zeit ohne Geschäft dastehen.

....

Neue Kunden

Disruptive Produkte erschließen häufig neue Kundenschichten. Beispielsweise konnten sich den PC auch kleine Unternehmen und Privatpersonen leisten, für die ein Großrechner oder auch mittelgroße Rechner (Midrange) nicht bezahlbar waren.

Die neuen Kunden waren mit der geringeren Leistung eines PC's zunächst zufrieden. Sie arbeiteten bislang ohne Rechner. Der Erfolg lag darin, dass die grundsätzliche Funktionalität eines Rechners überhaupt genutzt werden konnte. Erst mit der Zeit wuchsen die Wünsche und Anforderungen.

Um neue Kunden zu erreichen, müssen auch neue Vertriebswege erschlossen werden. Beim PC waren dies zuerst die Vertriebswege für Büromaschinen.

....

Eine übersichtliche Darstellung für ein Geschäftskonzept bietet die ‚Business Model Canvas'. Entwickelt von dem Schweizer Alexander Osterwalder verschafft eine solche Canvas („Leinwand") einen schnellen Überblick über ein Geschäftskonzept, und damit verbunden über die neun wichtigsten Faktoren.

Schlüssel-partnerschaften	Schlüssel-aktivitäten	Wertangebote	Kunden-beziehungen	Kundensegmente
Netzwerk der Zulieferer und Partner	Aktivitäten für erfolgreiches Agieren	Bündel von Produkten und Diensten, die für das Kundensegment Wert schaffen	Wie Kunden geworben, betreut und gehalten werden	Gruppen von Personen und Organisationen, für die mit den Wertangeboten ein Wert geschaffen werden soll
	Schlüssel-ressourcen Infrastruktur Personal Finanzen		**Kanäle** Kommunikations-wege für die Wertangebote	

Kostenstruktur	Einnahmequellen
Wichtige Kostenpunkte	Preis für den Wert

Business Model Canvas nach Alexander Osterwalder

Die Business Model Canvas fokussiert auf die Geschäftslogik und stellt das Werteangebot an die Kunden in den Mittelpunkt. Die Business Model Canvas ist für die Entwicklung von Geschäftskonzepten leichtgewichtiger und agiler als ein Business Plan. Dies gilt insbesondere in der Findungsphase, in der verschiedene Modelle entwickelt und verglichen werden.

Dies bedeutet nicht, dass ein Business Plan nicht mehr sinnvoll ist. Es hilft, wenn eine Idee einmal gründlich ausgearbeitet und zu Ende gedacht wird. Allerdings sind detaillierte Pläne in der Anpassung aufwendig. Es ist unwahrscheinlich, dass ein Business Plan genauso wie geplant umgesetzt wird. Die Business Model Canvas als „Einseiter" (englisch Onepager) ist flexibler und daher für die Modellierung von Geschäftskonzepten passend.

Die durch Digitalisierung und Globalisierung bedingte hohe Geschwindigkeit der Veränderung sowie die beständige Anpassungsnotwendigkeit eines Unternehmens lassen sich mit einer Business Model Canvas übersichtlich darstellen. Mehrere unterschiedliche Profile von Geschäftskonzepten können dabei verglichen und diskutiert werden.

Erfolgsprinzip Kopieren

Nach dem 2. Weltkrieg hat Japan seine Wirtschaft durch geschicktes Kopieren an die Weltspitze geführt. Den Kopiertrick ahmten später Südkorea, China und andere Ländern nach. In Deutschland hat Rocket Internet das Kopieren wieder salonfähig gemacht, angefangen 1999 mit dem deutschen Alando, einer Kopie des amerikanischen eBay, später Zalando als Kopie von Zappos. Das Prinzip zielt darauf ab, Ideen, die sich als funktionierend herausgestellt haben, zum Vorbild zu nehmen und auf einen anderen Markt einzuführen. Die Fehler des Originals werden dabei vermieden und ein paar Verbesserungen hinzugefügt. Start-ups, die erfolgreiche Geschäftsmodelle wiederverwenden, werden als Copycats bezeichnet.

Digitale Geschäftsmodelle basieren, selbstredend, entscheidend auf der Digitalisierung. Dies impliziert einige Besonderheiten mit manchmal disruptiver Wirkung:

☆ Niedrige Grenz- und Transaktionskosten
☆ Maximale Verfügbarkeit: Sofort, überall, für jeden
☆ Netzwerkeffekte: The Winner Takes It All

Digitale Geschäftsmodelle werden typischerweise schnell umgesetzt, in einem frühen Stadium getestet, bewertet und rasch angepasst.

Geschäftsmodelle sind vor allem durch die Digitalisierung und dem hohen Veränderungsdruck ein eigenständiges Betrachtungsobjekt geworden und entwickeln sich zu einem Instrument der Unternehmensführung.

Wie Geschäftsmodelle können auch einzelne Geschäftsfelder, Produktgruppen oder sogar einzelne Produkte und Dienstleistung Gegenstand einer methodischen Betrachtung sein. Das folgende Kapitel fasst die systematische Entwicklung entsprechender Profile zu einer eigenständigen Methode zusammen, dem Business Profiling.

Business Profiling

Unter Profiling versteht man in der Kriminologie, Profile aus Sicht des Täters zu erstellen. Im Marketing werden Kundenprofile und in der Psychologie Persönlichkeitsprofile verwendet. Mithilfe von Profilen werden die verschiedenen Informationen strukturiert und organisiert. Die Idee von ‚Business Profiling' ist, analog ein Gesamtprofil für Geschäftsmodelle und Innovationen systematisch und strukturiert zu entwickeln.

Die Methoden wie der „Innere Wert", der „Blaue Ozean" und „Business Model Canvas" arbeiten mit Profilen. Diese Profile sind eine strukturierte Grundlage für die Entwicklung von Geschäftsmodellen bzw. die Entwicklung von Produkten und Dienstleistungen. Die Übersichtlichkeit und Einfachheit der Profile hat sich bewährt, denn: Don't make me think.

Aufeinander aufbauend erschließen diese Profile die Elemente, die für die Entwicklung eines Geschäftsmodells grundlegend sind.

Business Profiling erfolgt dabei in mehreren Schritten:
- ☆ Zunächst werden die Bestandteile eines Profils übersichtlich dargestellt.
- ☆ Im nächsten Schritt werden diese methodisch neu kombiniert.
- ☆ Anschließend werden für verschiedene Ergebnisse die Schlüsselfaktoren eines Geschäftskonzepts herausgearbeitet.
- ☆ Im letzten Schritt werden die verschiedenen Konzepte bewertet und eine Rangliste bzw. Priorisierung erstellt.

Nachfolgend sind die einzelnen Bestandteile von Business Profiling noch einmal zusammen gefasst.

Der innere Wert

Was ist der wahre Kern eines Unternehmens, eines Geschäftsmodells, eines Produkts oder eines Dienstes? Basis jeder Betrachtung eines Geschäftsmodells ist das Verständnis bezüglich der Werte.

» Siehe „Der innere Wert" Seite 160

Die Eigenschaften

Das Konzept „Der blaue Ozean" steuert **ERSK** und Eigenschaften bei:

☆ **E**liminierung   ☆ **R**eduzierung
☆ **S**teigerung   ☆ **K**reierung

» Siehe „Der blaue Ozean" Seite 189

Das Verhalten

Wie wir im Kapitel „Digitale Geschäftsmodelle" gesehen haben, wird mit dem Verhaltensmodell das Verhalten eines Unternehmens sichtbar.

» Siehe „Digitale Geschäftsmodelle" Seite 197

Geschäftskonzept

Die Business Model Canvas zeigt übersichtlich und kompakt das Profil des Geschäftskonzepts auf.

» Siehe „Digitale Geschäftsmodelle" Seite 199

Bewertung

Die Longlist listet die verschiedenen Profile auf und umfasst dabei eine große Breite und Vielfalt. Die jeweilige Bewertung der aufgelisteten Geschäftsmodelle bzw. Innovationen kann in einer **SWOT**-Analyse dargestellt werden:

☆ **S**trengths (Stärken)   ☆ **W**eakness (Schwächen)
☆ **O**pportunities (Chancen)   ☆ **T**hreats (Bedrohungen

In einem iterativen Prozess kann die Longlist zu einer Shortlist verdichtet werden, bis die interessanten Geschäftsmodelle oder Innovationen herausgefiltert sind.

....

Divergenz und Konvergenz

Longlist: Divergierendes Denken sucht nach Alternativen und möglichst vielen verschiedenen Lösungsansätzen.

Shortlist: In der anschließenden Phase der Konvergenz werden die besten Lösungen evaluiert und zusammengeführt.

....

Priorisierung

Anschließend können die Ergebnisse entsprechend dem Kundennutzen und der Umsetzungsdauer priorisiert werden. Bei sehr kurzer Umsetzungsdauer kann trotz eines niedrigen Nutzens eine Höherpriorisierung sinnvoll sein.

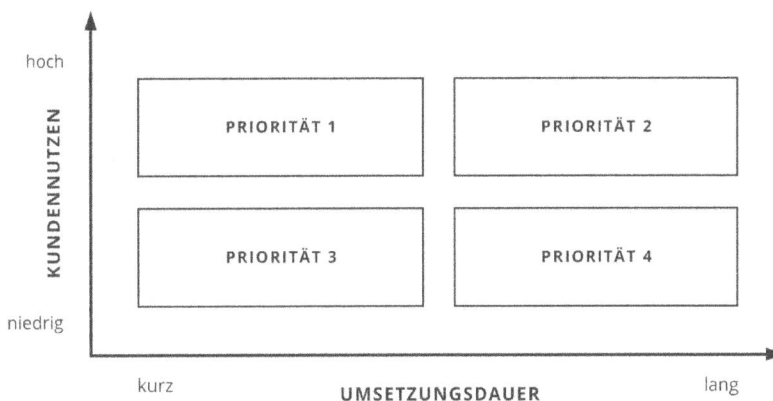

Geschäftsplan

Auf dieser Basis baut ein Geschäftsplan (Business Plan) auf. Dieser vertieft die Analyse, etwa durch eine Marktanalyse, und konkretisiert die Schlüsselfaktoren, etwa die Finanzierung.

Zusammengefasst kann ein Geschäftsmodell oder eine Produktinnovation strukturiert durch Business Profiling entwickelt werden:

☆ **Design**
  Die Werte, die Eigenschaften und das Verhalten zeichnen das Design eines Geschäftsmodells, seine Idee.

☆ **Konzept**
  Die Business Model Canvas ermöglicht einen raschen Überblick über die Schlüsselfaktoren für die Geschäftsgrundlage.

☆ **Bewertung**
  Die Bewertung eines Geschäftsmodells erfolgt mithilfe von Longlist, SWOT-Analyse, Shortlist und Priorisierung.

Die digitale Transformation ist kein einmaliges Ereignis, sondern die Transformation eines Unternehmens in eine Struktur, die mit ständigen Veränderungen umgehen kann, mehr noch, die selbst routinemäßig Veränderungen hervorbringt.

Je schneller sich Geschäftsmodelle verändern, desto mehr müssen deren Profile gepflegt und weiterentwickelt werden. Ähnlich wie ein IT-Architekt oder Produktmanager wird ein **Business Profiler** das Geschäftsmodell eines Unternehmens gestalten und steuern.

Dabei ist ein Business Profiler analog zum Product Owner im Scrum im ständigen Austausch mit allen Beteiligten und macht die Entwicklung des Geschäftsmodells transparent.

Aufgabe des Business Profilers ist es, zunächst Ideen aus dem Monitoring, dem Vorschlagswesen oder sogar aus der Historie zu sammeln und ähnlich wie ein Backlog bei der Softwareentwicklung zu führen. Weiterhin gilt es, Veränderungen zu erkennen und Entwicklungen im eigenen Markt wie auch anderen Märkten zu beobachten und zu analysieren.

Auf dieser kuratierten Zusammenstellung aufbauend können Produkte und Märkte systematisch neu kombiniert und getestet werden. In der Summe ergeben die Veränderungen eine Innovation und unter Umständen sogar eine disruptive Innovation. Die Summe ist mehr als ihre Einzelteile.

Die Herausforderung ist es, Innovation und Kreativität als beständigen Prozess in die Organisationsstruktur zu integrieren und bruchartige Entwicklungen zu realisieren. Kreativität und Organisation scheinen zunächst ein Widerspruch in sich zu sein. Doch wie gesehen, ist die Grundlage kreativer Prozesse eine Mischung aus Können und Routine. Automatisierung und Kreativität schließen sich nicht aus.

☆ **Kreativität braucht Routine als Basis.**

Ziel ist es, Strukturen zu schaffen, die durchgehend innovativ sind. Mit der Methode **Business Profiling** können wir Innovation organisieren und den Unternehmenszweck entwickeln. Business Profiling ist eingebunden in einen Arbeitsalltag, der für ständige Veränderung strukturiert ist.

ZUSAMMENFASSUNG Kapitel 8

☆ Design Thinking ist eine strukturierte Methode für kreative Ideen.
☆ Design driven Innovation sucht den tieferen Grund für ein Produkt und erarbeitet mit Bedeutungsdolmetschern einzigartige Ideen.
☆ Die Methode „Der blaue Ozean" baut planvoll auf der Neukombination bestehender und neuer Faktoren auf.
☆ Business Profiling führt unterschiedliche Arbeitstechniken zu einem Werkzeug zusammen und integriert diese in den Arbeitsalltag.
☆ Mit Business Profiling entsteht ein neues Berufsbild, um Geschäftsmodelle zu steuern und zu gestalten.

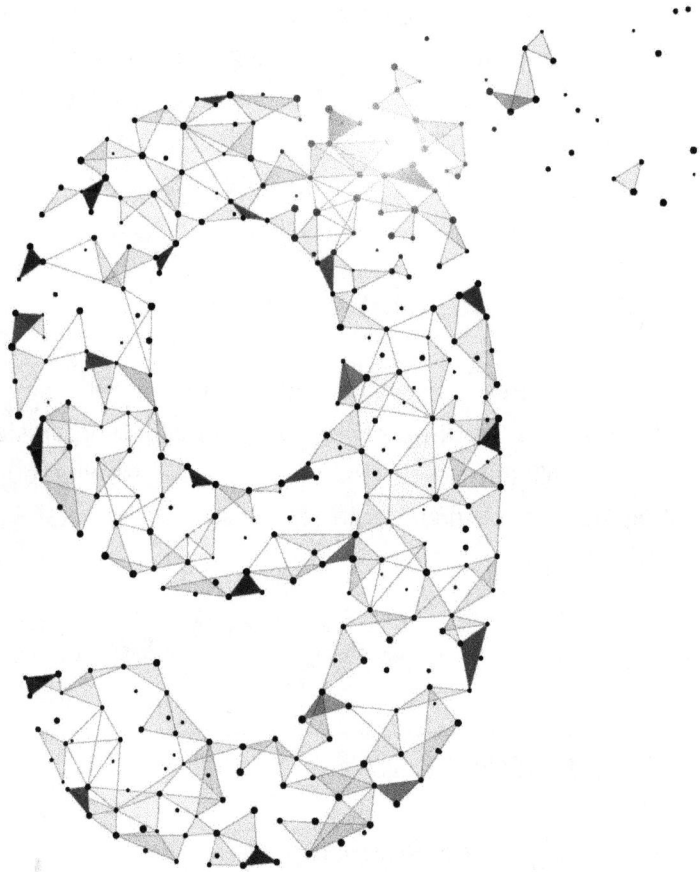

ALLES IST
EIN PROJEKT

Alles ist ein Projekt

Wie viele Projekte hat ein Unternehmen im Jahr? Viele Millionen!

Angenommen, ein Buch soll bestellt werden. Jemand geht in den Buchladen oder bestellt es online. Die Rechnung wird anschließend an die Buchhaltung weitergereicht. Arbeitstechnisch handelt es sich um ein Projekt. Sicherlich ist es ein sehr kleines Projekt. In Unternehmen gibt es eine unglaublich große Anzahl dieser Mini-Projekte.

Unabhängig davon, ob ein Kunde eine Anfrage sendet, ein neues Feature in die Software eingebaut oder eine Position besetzt werden soll: Jedes Mal wird von Menschen ein nicht formalisierter Vorgang ausgeführt – eben ein Projekt.

Weitere Beispiele für Projekte aller Art und verschiedenster Größen sind:

☆ Eine Personalstelle besetzen
☆ Eine Werbekampagne gestalten
☆ Eine Maschine bestellen
☆ Druckerpatronen organisieren
☆ Eine E-Mail schreiben
☆ Ein Konzept verfassen
☆ Einen Wochenbericht abliefern

☆ Ein Start-up gründen
☆ Ein Werk bauen und betreiben
☆ Den Urlaub planen
☆ Ein Softwareprodukt entwickeln
☆ Ein Angebot bearbeiten
☆ Reisekosten abrechnen
☆ Kaffee einkaufen

Der Punkt ist: Ein Projekt kann sehr winzig sein. Der Kauf eines Buchs ist kein nennenswertes Projekt – aber ein Projekt, auch wenn es als solches nicht sichtbar ist, weil niemand ein explizites Projekt beauftragt hat. Eine unglaublich große Zahl solch impliziter Projekte läuft jeden Tag in den Unternehmen.

Ab einem gewissen Umfang werden solche Aufgaben auch strukturiert und im Idealfall eine Fachanwendung eingesetzt. Doch für viele Arbeiten lohnt sich dieser Aufwand nicht. Dann werden bestenfalls verschiedene fachunspezifische Werkzeuge wie E-Mail oder ein Office-Programm eingesetzt.

Projekte – auch Mini-Projekte – sind hierarchisch in Unterprojekte gegliedert; diese selbst können wiederum Unterprojekte aufweisen, was eine sogenannte Baumstruktur ergibt.

Projekte sind die Organisationsstruktur, in denen Unternehmen in der Zukunft organisiert sein werden. Projekte können sehr klein sein, Mikroprojekte oder sogar Nanoprojekte, aber sie können auch sehr groß sein – Megaprojekte.

☆ Alles ist ein Projekt – wirklich alles.

Die Projektstruktur bedient nicht nur neue Produkte oder einmalige Veranstaltungen. Dort, wo fachlich strukturierte Prozesse mit Fachanwendungen bestehen oder gar Automatisierungen, sind Projekte der Rahmen für die Entwicklung und den Betrieb dieser Fachstrukturen. Selbst der Bau und Betrieb einer Fabrik ist ein Projekt, auch wenn es sehr lange dauert und umfangreich ist. Doch auch eine Fabrik ist nichts Statisches, das einmal errichtet für immer unveränderlich bleibt. Vielmehr ist auch bei einer Fabrik der Wandel ständiger Begleiter.

Dieser Wandel gilt auch für eine Abteilung, besonders im Hinblick auf die beständigen Umorganisationen gerade in großen Unternehmen. Sofern die Projektstruktur die Abteilungsstruktur noch nicht ersetzt, dann zumindest ist eine Abteilung ein Projekt. Ja, selbst ein ganzes Unternehmen ist ein Projekt.

Die Mauer zwischen Projekt- und Linienorganisation wird eingerissen. Die Linie bekommt Projektcharakter. Umgekehrt benötigen Projekte einen gewissen Organisationsrahmen, auch wenn dieser ein anderer ist als bei einer Linienorganisation.

Das Produkt seiner Organisation

Der US-amerikanische Informatiker Melvin Edward Conway formulierte 1968, dass die Entwicklung von (Software-) Systemen die Kommunikationsstrukturen eines Unternehmens widerspiegeln würden:

„Jede Organisation, die im weitesten Sinne ein System entwirft, erzeugt ein Design, dessen Struktur eine Kopie der Kommunikationsstruktur des Unternehmens ist."

Conways Gedanke schärft den Blick auf den Zusammenhang von Organisation und Produkt. Insbesondere zeigt Conway damit auf, dass die Struktur eines Unternehmens anpassungsfähig sein muss.

☆ **Ein Produkt ist das Produkt seiner Organisation.**

Hierarchische Strukturen versuchen regulativ auf die Entwicklung von Produkten einzuwirken. Dazu haben sich in der IT umfangreiche Regelwerke wie ITIL, COBIT oder V-Modell entwickelt. Die damit einhergehende Bürokratie und Langatmigkeit von Entwicklungen produziert mit einer gewissen Zwangsläufigkeit umständliche, voluminöse und funktionsorientierte Software. Die Organisation schafft sich ihr Ebenbild.

Aus diesem Grund wurden die Konzepte für agile Methoden entwickelt. Flexibilität und Schnelligkeit erfordern einen anderen Rahmen, andere Strukturen und eine andere Unternehmenskultur. Wer neue Produkte entwickelt, muss auch die Strukturen ändern. Die Frage ist, ob sich die Produkte nach der Organisation ausrichten, oder umgekehrt die Organisation an den Produkten ausgerichtet wird.

☆ **Projektstrukturen sind flexibler als die klassischen Firmensilos und können passgenauer an den Aufgaben ausgerichtet werden.**

Abteilungsstrukturen sind einmal eingerichtet unveränderlich, bis sie durch einen einmaligen Chance-Prozess umgebaut werden. Projekte werden schon mit der Idee initiiert, dass sie einen zeitlich begrenzten Auftrag haben. Projektstrukturen richten das Unternehmen permanent neu aus.

....

Mit einem Augenzwinkern

Der Soziologe Cyril Northcote Parkinson hat 1955 das nach ihm benannte ‚Gesetz' aufgestellt, dass die Arbeit immer so weit ausgedehnt wird, wie Ressourcen zur Verfügung stehen: „Es ist eine alltägliche Beobachtung, dass sich die Arbeit ausdehnt, um die Zeit zu füllen, die für ihre Vollendung zur Verfügung steht." Das ist sehr typisch für Abteilungsstrukturen. Die Projektstruktur verschiebt den Ressourceneinsatz zum tatsächlichen Bedarf.

....

Mitarbeiter können in verschiedene Projekte mit unterschiedlichen Rollen und Aufgaben eingebunden werden. Je nach Notwendigkeit werden Veränderungen antizipiert und inhärent umgesetzt.

☆ **Change Management ist mit dem „Projekt"-Prinzip keine einmalige Aufgabe mehr, sondern systemimmanent.**

Die Projektstruktur erspart den mühseligen Umbau der Unternehmen, der immer wieder ein Unternehmen neu aufstellt. Projekte verändern das Unternehmen systemimmanent, fortlaufend und geräuschlos.

Intrinsische Transformation

Projekte sind die Unternehmensstruktur der Zukunft. Jedes Projekt trägt zur Veränderung des Unternehmens bei. Projekte sind die organisatorische Grundlage für den permanenten Veränderungsprozess. Das punktuelle Change Management klassischer Art wird durch eine systemimmanente Veränderungsstruktur ersetzt.

☆ **Permanente Veränderung ist die neue Unternehmens-DNA.**

Die Prinzipien der Projektstruktur sind:

☆ Alles ist ein Projekt.
  Jede Aktivität, jedes Objekt und jedes Ziel eines Unternehmens
  ist in ein Projekt eingebettet.
☆ Ein Projekt kann beliebige Größenordnung haben,
  von sehr winzig bis sehr groß.
☆ Ein Projekt hat genau einen Verantwortlichen.
☆ Ein Projekt ist entweder aktiv oder bereits beendet worden.
☆ Ein Projekt kann mit anderen Projekten vernetzt werden.
  Insbesondere kann ein Projekt selbst Unterprojekte beinhalten.

Das Prinzip „Projekt" ist die Virtualisierung der Arbeitsorganisation. Ersetzt man die klassische hierarchische Abteilungsstruktur durch ein Netzwerk von Projekten, wird die Arbeitsorganisation virtualisiert. Das Prinzip der Virtualisierung ist typisch für IT-Systeme selbst. Mit dem Prinzip „Projekt" erreicht die Virtualisierung auch die Ebene der Organisation. Projektstrukturen flexibilisieren den Ressourceneinsatz, insbesondere die „Human Ressource".

Mitarbeiter werden nicht fest einer Stelle zugeordnet, sondern bedarfs-orientiert nach ihren Fähigkeiten und Interessen mit verschiedenen Projekten betraut.

Alles wird in ein Projekt eingebettet. In den verschiedenen Phasen eines Projekts können unterschiedliche Mitarbeiter je nach benötigter Qualifikation für ein Projekt tätig sein. Auch können Mitarbeiter mehrere Projekte gleichzeitig unterstützen, etwa Experten für Spezialthemen, die nicht permanent in Vollzeit für ein Projekt erforderlich sind.

Ein Produkt wird nicht mehr in seinem Lebenszyklus von Abteilung zu Abteilung gereicht. Vielmehr gehört das Produkt von Anfang bis Ende zu einem Projekt. Ganz im Sinne von DevOps wird das Produkt in allen Phasen durch das Projekt gesteuert. Das Gleiche gilt für eine Dienstleistung. In der Softwareentwicklung spricht man hierbei auch von Serviceorientierung. Ein Dienst, ein Team, ein Projekt. Es ist dann nur noch ein kleiner Schritt zu einer Zielgruppe, einem Markt und einem Geschäftsfeld.

Eine Projektstruktur gleicht einem Baum mit Verästelungen bis in die kleinsten Spitzen.

Strategiewechsel durch Selbstorganisation

Intel war in den 1970er Jahren ein erfolgreicher Hersteller von Speicherbausteinen, den DRAMs. Interessant ist, wie Intel den Strategiewechsel zum Mikroprozessorhersteller vollzog. Die Erfindung des Mikroprozessors erfolgte eher zufällig, in einem Kundenauftrag. Wäre das Unternehmen vom Vorstand durch eine umsatzbezogene Planung gesteuert gewesen, hätte der Mikroprozessor keine Chance bei Intel gehabt. Aber Intel wies eine Besonderheit auf. Der Strategiewechsel gelang ohne explizite Steuerung allein aufgrund der selbststeuernden Strukturen:

Die Allokation der Ressource „Produktionskapazität" erfolgte bei Intel damals margenorientiert. Wer die höchste Marge erzielte, bekam als erster die Kapazitäten zugesichert. Da der Mikroprozessor lange Zeit ein blauer Ozean war, während sich durch die asiatischen Hersteller die Speicherbausteine in den 1980er Jahren zu einem roten Ozean entwickelten, hatten Mikroprozessoren eine viel höhere Marge als DRAMs.

Der Strategiewechsel vollzog sich ohne Planung, gewissermaßen von ganz alleine. Intel hatte eine interne Marktwirtschaft geschaffen und dadurch konnte die Veränderung ohne Planung systemimmanent erfolgen.

Ähnlich können interne digitale Märkte die Allokation von Personal, Kapital und allen anderen Ressourcen eines Unternehmens nicht nur optimieren, sondern sogar Innovation und Strategie eines Unternehmens steuern. Anstelle der Marge können auch andere Kriterien eine Rolle übernehmen, etwa das Risiko bei Versicherungen oder der Eigenkapitalbedarf bei Banken.

Ziel ist es, die Selbststeuerungsfähigkeit eines Unternehmens zu erhöhen, indem statt Planung eine Steuerung durch marktähnliche Mechanismen in die Prozesse integriert wird. Steuerung ist in der Marktwirtschaft intrinsisch, die berühmte unsichtbare Hand, wie sie Adam Smith formulierte. Projektstrukturen sind die flexible Grundlage für die Selbststeuerung eines Unternehmens und dem optimierten Ressourceneinsatz.

Sinken durch die Digitalisierung die Transaktionskosten, ist mehr Marktwirtschaft als Planwirtschaft möglich. Ein Unternehmen ist seiner Natur nach planwirtschaftlich organisiert. Bei niedrigen Transaktionskosten kann auf eine interne Organisation verzichtet werden und Aufgaben flexibel am Markt eingekauft werden. Diese Flexibilität macht Veränderungen in der Marktwirtschaft systemimmanent.

Projektorganisation statt Abteilungsorganisation ist flexibler und optimiert den Einsatz von Personal und Ressourcen. Projekte statt Abteilungen erhöhen die Flexibilität eines Unternehmens und machen Veränderung systemimmanent. Bei Abteilungsstrukturen müssen Änderungen durch einen Top-Down-Eingriff umgebaut werden. Bei Projektstrukturen ist die Veränderung fließend

....

RAM Random-Access Memory

Arbeitsspeicher, der die aktuellen Programme und Daten für die Verarbeitung im Prozessor bereithält und die Ergebnisse aufnimmt.

DRAM Dynamic Random Access Memory

Bauform eines RAM mit Kondensatoren, für die eine Spannung erforderlich ist, die regelmäßig aufgefrischt werden muss.

CPU Central Processing Unit

Die CPU ist der Zentralprozessor. In der Frühzeit der IT bestand dieser aus großen Röhren. 1971 wurden die ersten transistorbasierten Prozessoren entwickelt, die erheblich kleiner sind und daher als Mikroprozessoren bezeichnet werden.

....

und ergibt sich aus den Anforderungen. Projektstrukturen sind Teil der Selbstorganisation eines Unternehmens.

Doch auch Projektstrukturen verursachen Kosten und werden bislang nur unzureichend durch Tools unterstützt. Notwendig ist ein digitales Tool, um diese Projektstruktur in der digitalen Unternehmenswelt abzubilden.

Heutige Projekt-Tools sind dafür völlig ungeeignet, wie auch das Projektmanagement viel zu bürokratisch und langatmig ist. Diese Verfahren und Werkzeuge sind zu schwergewichtig und umständlich, um eine ernsthafte Unterstützung darzustellen.

Was wir brauchen, ist ein Tool, das so einfach zu bedienen ist wie WhatsApp und dabei wesentlich weitreichender ist. Dieses Tool muss von der kleinsten Notiz bis zum Großprojekt die Tagesarbeit unterstützen. Wie dieses Tool beschaffen sein muss, betrachten wir im folgenden Kapitel.

ZUSAMMENFASSUNG Kapitel 9

☆ Alles ist ein Projekt – wirklich alles.

☆ Projekte gibt es in allen Größenordnungen.

☆ Der Ressourceneinsatz wird mit Projekten passgenau.

☆ Alles wird in ein Projekt eingebettet.

☆ Projekte stärken die Selbststeuerungsfähigkeit eines Unternehmens.

☆ Permanente Veränderung ist die neue Unternehmens-DNA.

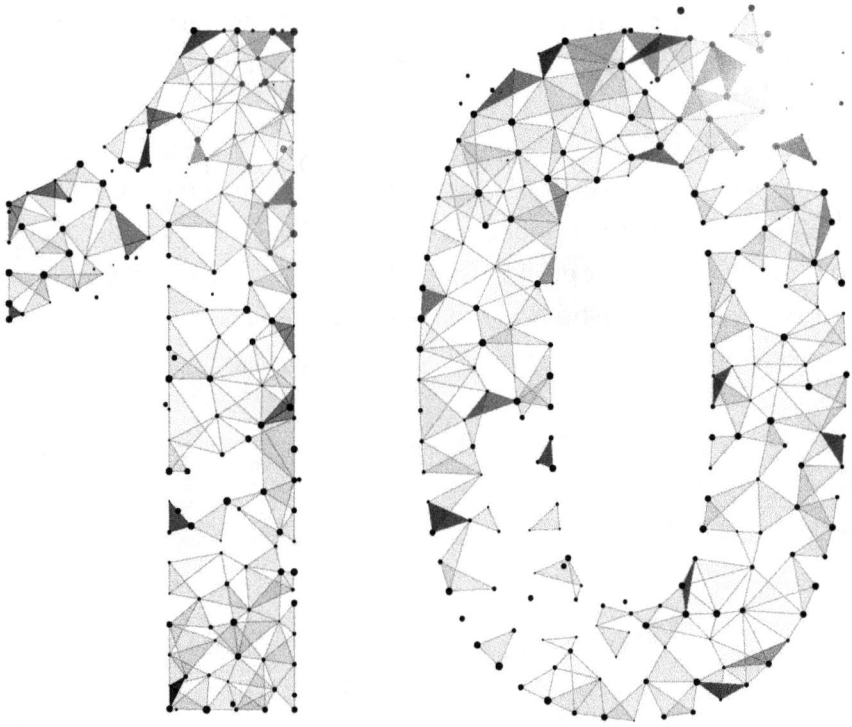

DAS INTERNET DER ZUKUNFT

Das Internet der Zukunft

Die soziale Dimension der Digitalisierung ist die Zusammenarbeit von Menschen über alle Grenzen hinweg. Ein Unternehmen kann nur in der reibungslosen Kooperation aller Beteiligten innerhalb und außerhalb des Unternehmens funktionieren. Die vielfältige Arbeitsteilung und die flexible Re-Integration ihrer Dienstleistungen und Produkte ist Erfolgsbasis für wirtschaftliche Entwicklung.

Das Internet ist Beschleuniger für Globalisierung und Zusammenarbeit seit den 1990er Jahren. Welches Werkzeug kann der Dynamik menschlicher Zusammenarbeit darüber hinaus neue Kraft schenken?

Im Berufsalltag organisieren sich Mitarbeiter mit zahlreichen unterschiedlichen Hilfsmitteln. Traditionell sind das Papier und Bleistift. Digitale Tools beinhalten E-Mail, Tabellenkalkulation, Textverarbeitung und Präsentationsprogramm. Teams arbeiten zunehmend mit Ticket-Systemen, Wikis, Chats und anderen Kommunikationsmitteln zusammen.

Mühselig wird es, wenn unterschiedliche Unternehmen zusammenarbeiten. Besonders Großkonzerne haben Mitarbeiter verschiedenster Lieferanten und Dienstleister in ihren Teams. Umgekehrt müssen die Mittelständler sich bei ihren diversen Kunden einpassen.

Die Folge davon ist, dass Informationen oft manuell von einem Kommunikationssystem in das nächste übertragen werden müssen. Selbst wenn die Mauern innerhalb der Unternehmen nicht mehr vorhanden sind, so stößt man an die zahlreichen Mauern zwischen den Unternehmen.

Probleme heutiger Produktivitätstools:

☆ Viele verschiedene Tools, von Textverarbeitung über E-Mail bis Wiki.

☆ Kein automatischer Datenaustausch zwischen den Tools.

☆ Unterschiedliche Bedienkonzepte, keine Durchgängigkeit.

☆ Tools mit teilweise hohem Detaillierungsgrad, aufwendige Lernkurve, nur von einem geringen Teil des Personals genutzt und diese pflegen die vielen Eingabefelder in unterschiedlicher Qualität.

☆ Projekte mit verschiedenen Dienstleistern und Partnern führen zu einer Vervielfachung des Tool-Zoos bei manueller Übertragung der Informationen.

☆ Der Endkunde mit seinen Consumer-Tools muss immer mehr in die Unternehmens-IT integriert werden.

Der Konstruktionsfehler der verschiedenen Tools von verschiedenen Herstellern ist die fehlende gemeinsame Basis. Jedes Tool steht für sich und hat als Grundlage eine eigenständige, proprietäre Technologie.

Bei der Container-Technologie und den App-Stores haben wir gesehen, wie eine grundlegende gemeinsame Basisstruktur mächtige Geschäftsmodelle befeuert. Erst durch diese einheitliche Basis wird der Raum für eine Vielzahl von Angeboten entwickelt.

Wie muss eine Software für Produktivität und Zusammenarbeit (Collaboration) beschaffen sein, um unternehmensübergreifend alle Tätigkeiten zu unterstützen, die nicht durch eine Fachanwendung abgedeckt sind?

Universal Task Container

Das ideale Werkzeug für Projekte und Zusammenarbeit ermöglicht es, schnell und einfach alle Arbeiten durchführen zu können. Es führt die verschiedenen Aufgaben zusammen, funktioniert unternehmensübergreifend und ist für spezielle Anforderungen flexibel erweiterbar.

Das Grundstruktur
Betrachtet man die vielen Tools wie E-Mail, Adressbuch, Kalender, Browser, Messenger oder Notizbuch etwas näher, dann lassen sich diese auf eine einfache Grundstruktur reduzieren. Die Struktur gliedert sich im Wesentlichen in ein paar einfache Fragen:

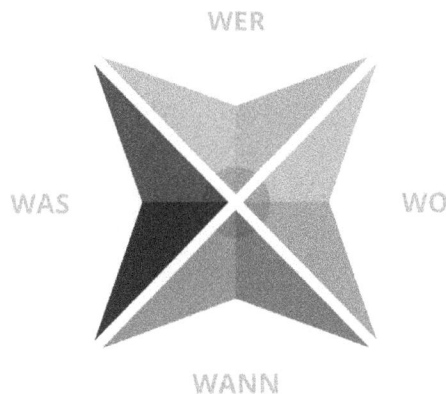

Viele Tools lassen sich auf die vier Fragen Wer, Wo, Wann und Was reduzieren. Hinzu kommt noch eine Überschrift, auch als Betreff bezeichnet. Zusammen ergibt das eine universelle Struktur, wie an folgenden Beispielen zu sehen ist.

Sehen wir uns dazu die Einladung für eine Besprechung an:

BETREFF	Meeting
WER	Alexander, Christina, Martin, Tian, Viktor, Yvonne
WANN	01.08.2020, 10.00 h - 18.00 h
WO	The James Hotel, Konferenzraum 3
WAS	Agenda: 1. Statusbericht 2. Ziele 2025 3. Diskussion 4. Zusammenfassung

Oder eine E-Mail nach dem gleichen Muster; das „Wo" bleibt ungenutzt:

BETREFF	Mathematik
WER	Albert Einstein
WANN	14.03.1943, 14:30 h
WO	
WAS	Mach dir keine Sorgen wegen deiner Schwierigkeiten mit der Mathematik. Ich kann dir versichern, dass meine noch größer sind. Mit freundlichen Grüßen Professor Albert Einstein

Auch das Suchergebnis in einem Internetbrowser folgt diesem Raster:

BETREFF	Relativitätstheorie
WER WANN	
WO	Wikipedia
WAS	**Relativitätstheorie** Die **Relativitätstheorie** befasst sich mit der Struktur von Raum und Zeit sowie mit dem Wesen der Gravitation. Sie besteht aus zwei maßgeblich von Albert Einstein geschaffenen physikalischen Theorien: der 1905 veröffentlichten speziellen Relativitätstheorie und der 1916 abgeschlossenen allgemeinen Relativitätstheorie. Die spezielle Relativitätstheorie beschreibt das Verhalten von Raum und Zeit aus der Sicht von Beobachtern, die sich relativ zueinander bewegen, sind die damit verbundenen Phänomene. Darauf aufbauend führt die allgemeine Relativitätstheorie die Gravitation auf eine Krümmung von Raum und Zeit zurück, die unter anderem durch die beteiligten Massen verursacht wird.

Eine entsprechende Basisstruktur für den Eintrag in ein Adressbuch:

BETREFF	Max
WER	Maximilian Mustermann
WANN	* 01.01.1980
WO	Straße: **Musterstraße** Hausnummer: **10** Postleitzahl: **80808** Ort: **Musterstadt** - E-mail: **mail@mustermann.de** Website: **www.mustermann.de** Telefon: **+ 49 (0)00 123 456 789**
WAS	

Der Großteil aller Produktivitäts- und Kommunikationstools folgt erstaunlicherweise dieser einfachen Struktur. Dieses 4W-Grundschema ergibt bei unterschiedlicher Nutzung jeweils einen konkreten Task.

Containerisierung

Der Task packt eine Aufgabe wie in einen Container ein. Wir haben das Prinzip schon bei den Containern für Software gesehen. Dabei wird unterschiedlichste Software in standardisierte Container verpackt. Dasselbe Prinzip funktioniert auch mit den Tasks, unabhängig davon, wie unterschiedlich diese inhaltlich sind: Universal Task Container. Durch die Standardstruktur sind die Tasks vorbereitet, um mit verschiedensten Anwendungen bearbeitet zu werden.

Organisatorische Informationen

Was ein Task in der täglichen Arbeit noch benötigt, sind Statusinformationen. Da wäre als erstes ein Statusfeld; aktiv oder beendet. Hilfreich ist es, automatisch Start- und Enddatum zu speichern. Unerlässlich ist hierbei auch, dass der Task einen Verantwortlichen benötigt.

Die Struktur „Wer, Wo, Wann, Was" ist der fachlich-inhaltliche Teil, während Verantwortlicher, Status und Start- und Enddatum organisatorische Informationen sind.

Unterschiedliche Optionen

Ein Task kann mit anderen Tasks verknüpft werden. Vielfältig sind dann die Verbindungen, Darstellungsweisen und Suchmöglichkeiten. Der einzelne Task bleibt völlig unverändert, aber kann in verschiedenen Strukturen flexibel dargestellt werden. Untenstehendes Beispiel zeigt eine hierarchische Struktur:

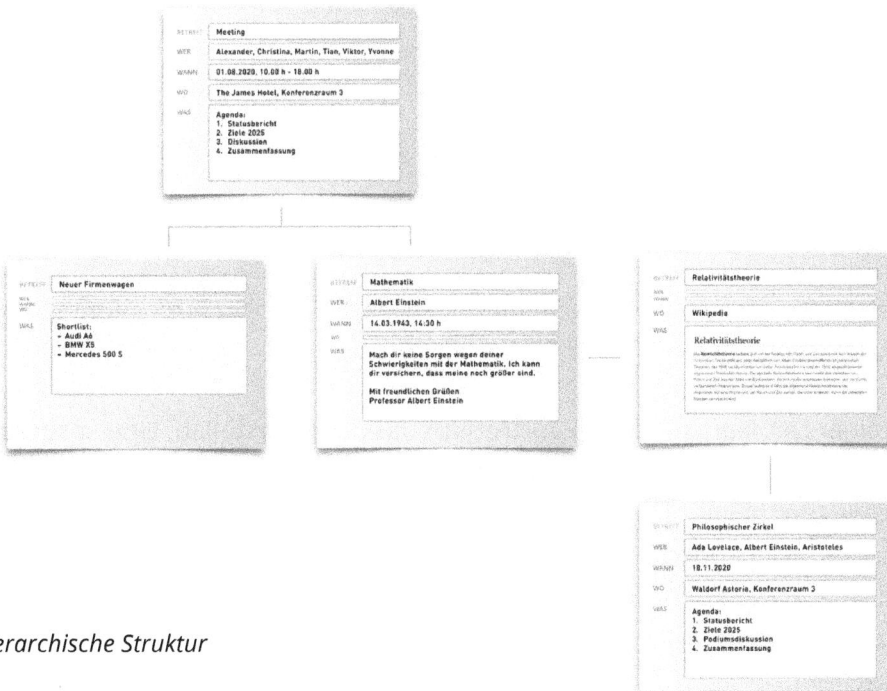

Hierarchische Struktur

Ein Task kann weitere untergeordnete Tasks haben und diese wieder weitere Unter-Tasks, eine klassische Hierarchie. Eine Aufgabe teilt sich beispielsweise in mehrere Unteraufgaben, diese wieder in weitere Unter-Unteraufgaben und so fort. Dies entspricht einer Anordnung in einer Buchstruktur mit Kapitel und Unterkapitel. Die Verknüpfungen zwischen den Tasks können wahlweise dauerhaft sein, oder durch Filterkriterien virtuell geschaffen werden. Listet man dagegen lediglich den Betreff auf, so erhält man ein Inhaltsverzeichnis.

Ein Kalender dagegen ist anders strukturiert. Dieser wird einfach hinsichtlich des Kriteriums „Wann" sortiert:

Kalenderansicht

Jeder Kalendereintrag kann praktischerweise Sub-Tasks, etwa für Tagesordnung, Unterlagen oder Protokoll, verlinken.

Auf einer Landkarte lässt sich vortrefflich das „Wo" darstellen. Eine Sortierung nach „Wer" ergibt die vertraute alphabetische Sortierung eines Adressbuches. Eine weitere Möglichkeit ist die Gestaltung als Mind-Map, als 3D-Darstellung oder beliebige andere Darstellungsform. Die Tasks und ihre Verknüpfungen sind unabhängig von der Ansicht. Die Darstellung als Kalender, Buch oder Landkarte richtet sich nach dem Bedarf des Betrachters und kann jederzeit gewechselt werden.

Flexibilität und Integration

Weniger ist mehr. Dieses Sprichwort gilt für Tools ganz besonders, damit möglichst viele über einen gemeinsamen Nenner verfügen. Und dieser gemeinsame Nenner sollte möglichst klein sein, gleichzeitig allerdings auch möglichst wirkungsvoll. Die beschriebene Struktur ist einfach und durch die Standardisierung wird sie sehr wirkungsvoll.

Der Plugin-Mechanismus

Trotzdem kann es erforderlich sein, das Schema zu ergänzen. Beispielhaft wäre es sicher hilfreich, wenn das Feld „Wann" durch entsprechende Datumseingabehilfen unterstützt wird, etwa wie in dem folgenden Beispiel:

BETREFF	Philosophischer Zirkel
WER	Ada Lovelace, Albert Einstein, Aristoteles
WANN	18.11.2020
WO	Waldorf Astoria, Konferenzraum 3
WAS	Agenda: 1. Statusbericht 2. Ziele 2025 3. Podiumsdiskussion 4. Zusammenfassung

‹ November 2020 ›

sun	mon	tue	wed	thu	fri	sat
			1	2	3	4	5
6	7	8	9	10	11	12
13	14	15	16	17	**18**	19
20	21	22	23	24	25	26
27	28	29	30			

Die einfache Datumseingabe als Text und alternativ ein Plugin für die Eingabe per Auswahl.

Dafür benötigt man einen sogenannten Plugin-Mechanismus, so dass Softwarehersteller die einzelnen Felder durch ein entsprechend erweitertes Feld ersetzen können.

Wie das „Wann" können auch die anderen Felder eines Tasks erweitert werden. Etwa kann das „Wo" durch einen freien Text beschrieben werden, oder eine Adresse strukturiert mit Straße, PLZ und Ort eingefügt werden. Auch könnte es Geo-Koordinaten oder eine URL beinhalten.

Der Plugin-Mechanismus ist die Grundlage für eine Art „App Store", bei dem Softwarehersteller ihre Plugins anbieten können.

Die API
Sehr hilfreich ist eine API, ein Application Programming Interface. Dadurch können andere Anwendungen, etwa Fachanwendungen für Buchhaltung oder Sachbearbeitung, automatisch Informationen mit Tasks austauschen.

Beispielsweise ist es einem Buchhaltungsprogramm somit möglich, automatisch einen Fälligkeitstermin als Task zu erzeugen. Die Fachanwendungen fungieren auf diese Weise als spezialisierte Services im Netzwerk der Tasks.

Labeling
Praktisch ist auch die Möglichkeit Labels zu setzen. Ein Task wie auch eine Verknüpfung können mit Labels (auch Flag oder Tag genannt) versehen werden, vergleichbar dem Hashtag bei Twitter.

Workflow Management
Ein Plugin-Mechanismus und eine API sind die gängigen Instrumente, um eine Plattform für andere zu öffnen und damit den Nutzen der Plattform zu skalieren.

Weitergehend wären Möglichkeiten, Regeln zu definieren, um den Arbeitsfluss (Workflow) zu automatisieren. Auch Mittel von Big Data und KI können wirkungsstark eingesetzt werden.

Beispielsweise nutzt Process Mining diese Instrumente, um die Prozesse im Meer der Tasks zu analysieren, die tatsächlichen Prozessabläufe darzustellen, Schwachstellen zu erkennen, Risiken aufzudecken und Optimierungspotential zu identifizieren.

Zusammengefasst haben wir zum einen die Basis-Standards mit Task, Netzwerk und Plattform. Zum anderen sind noch folgende Bestandteile zur Flexibilisierung sinnvoll:

☆ **Plugin**: Ein Standard, um einzelne Felder des Tasks oder das ganze Task durch eine höherwertige Funktion zu ersetzen. In einem entsprechenden „Store" können die Plugins angeboten werden.

☆ **API**: Schnittstelle, um anderen Programmen den Zugang zu den Tasks und ihren Informationen zur ermöglichen.

☆ **Labeling**: Mechanismus zum Setzen von Labels auf Tasks und Verknüpfungen.

☆ **Regeln**: Ein Regel-Interface ermöglicht, Regeln mit Triggern und Aktionen einzubauen.

Durch diese strukturellen Flexibilisierungen können weitere Werkzeuge automatisiert die Tasks bearbeiten. Beispielsweise können Zusammenhänge herausgefiltert werden, die Semantik leichter erkannt und virtuelle Strukturen aufgebaut werden. Die Tagesarbeit kann damit im industriellen Maßstab organisiert werden.

Das WorkNet

So wie HTML das Internet revolutioniert hat und so wie Apps das Telefon zum mobilen „Taschenmesser" erweitert haben, so wird die Arbeitswelt durch ein neues Netzwerk verändert werden: Das WorkNet.

Der Begriff wurde auf der Web2Expo 2008 geprägt. Das WorkNet verbindet die Tätigkeit von Menschen. Während SAP ein Standard für die fachlichen Aufgaben wie Finanzen und Personal ist, werden mit dem WorkNet die fach-übergreifenden Aufgaben dynamisch organisiert. Dank der Standardisierung wird es möglich sein, Tasks über die Grenzen der Unternehmen problemlos auszutauschen.

....

WorkNet 1.0 ist das Web 4.0

Web 1.0 verknüpft Inhalte, während Web 2.0 via Social Media Menschen verbindet. Web 3.0 arbeitet daran, die Bedeutung von Inhalten zu verstehen. Web 4.0 wird sich wieder auf den Menschen fokussieren sowie ein dynamisches Zusammenspiel von Mensch und Maschine organisieren – das WorkNet.

....

Statt den vielen verschiedenen Produktivitätstools wird eine Art Cockpit die einfache Erstellung, Übermittlung und Suche von Tasks ermöglichen. Das Cockpit wird Web-Browser, E-Mail, Kalender, Notizbuch, Ticket-System, Messenger und ähnliche Produktivitätstools ersetzen und ihre Funktionen in einheitlicher Weise integrieren. Das WorkNet ist die Grundlage, um alles zum Projekt zu machen und auch den kleinsten unorganisierten Arbeitsschritt zu organisieren. Alles ist ein Projekt und jedes Projekt beginnt mit einem Task. Die Entwicklung von Tools wie WhatsApp, Jira, Slack, Yammer, Basecamp, Evernote, Trello, Projectplace und anderen gehen alle in diese Richtung. Doch jedes Tool lebt in seiner eigenen Welt.

Ein Standard würde für einen explosiven Effekt sorgen. Das haben wir schon bei Software-Containern, den App-Stores oder dem World Wide Web (WWW) gesehen: Wie ein Standard für die kritische Masse sorgt, um massive Veränderungen herbeizuführen – eine Disruption. Das WorkNet ist selbstredend vollständig digital, einfach in seiner Grundstruktur sowie überall verfügbar und für jeden zugänglich.

Die Grundbestandteile eines entsprechenden Standards sind:

☆ **Container:** Der Universal Task Container ist Standardrahmen für jeden Arbeitsschritt und jedes Medium.
☆ **Netzwerk:** Tasks können verknüpft werden und so ein Netzwerk aufbauen.
☆ **Plattform:** Eine Plattform bietet die erforderlichen Verteilungs- und Speichermechanismen. Entsprechende Mechanismen und Strukturen sind bei Messengern und ähnlichen Tools gut erprobt. Die Alternative zu einer zentralen Plattform wäre ein verteiltes System wie die Blockchain.

Das WorkNet-Cockpit stellt verschiedene Werkzeuge zur Strukturierung und Auswertung von Tasks bereit:

☆ **Strukturierung:** Hierarchie, Liste, Kalender, Landkarte und andere.
☆ **Auswertungen:** Techniken für Suche, Filter und Matching.

Mit dem standardisierten WorkNet können auch die Tätigkeiten einer organisierten und ggf. sogar automatisierten Bearbeitung zugeführt werden, bei denen das bislang nicht möglich war.

☆ **Zu einer Revolution kommt es erst mit der Definierung und Etablierung eines Standards.**

Enterprise Edition

Um in Unternehmen geschäftskritisch eingesetzt werden zu können, kommen weitere Anforderungen an das WorkNet dazu. So müssen Tasks revisionssicher gespeichert werden und Änderungen nachvollzogen werden können.

Das WorkNet beschränkt sich auch nicht allein auf menschliche Tätigkeiten. Es können Geräte (IoT) angebunden werden, die selbst Task erstellen und bearbeiten. Auch können Aufgaben automatisiert werden. Im Unternehmenseinsatz sind daher weitere Funktionen erforderlich.

Zwei wichtige Funktionen sind das Management digitaler Identitäten sowie das Asset-Management.

Digitale Identität
Identity & Access Management (IAM), wie in „Unzerbrechliche Systeme" beschrieben, muss in das WorkNet integriert werden, wenn es wirksam alle Beteiligten zusammenbringen will, unabhängig davon, ob es sich um Mitarbeiter, Kunden, Lieferanten oder Geräte handelt. Technisch, organisatorisch und vor allem auch politisch ist ein globales IAM eine große Herausforderung.

Asset-Management
Für Erweiterungen durch Software-Hersteller benötigt man Mechanismen für ein Lizenz-Management. Steht mit dem WorkNet ein Standard für Lizenz- und Bezahl-Management zur Verfügung, wird dies die Abrechnungsweise für Softwarehersteller erheblich vereinfachen, ähnlich wie bei App-Stores. Darüber hinaus unterliegen auch Daten, wie etwa Bilder, entsprechenden Rechten, die ebenfalls lizenziert werden müssen.

Im Cockpit

Für das WorkNet fehlt bislang ein einheitliches Tool, einen Browser, der die verschiedenen Funktionen einheitlich zusammenführt: Das WorkNet-Cockpit. Dieses Cockpit ersetzt den heutigen statischen Desktop durch ein integrierendes Werkzeug, das die Tasks organisiert. Damit steuern Mitarbeiter die dynamischen Arbeitsprozesse. Denn das WorkNet ist kein statischer Desktop, sondern organisiert ein vielgestaltiges Netzwerk.

Es gibt dieses Cockpit bislang nicht, ebenso, wie es auch das WorkNet noch nicht gibt. Jedoch sind zahlreiche Produktivitätstools verfügbar, die den Weg zum WorkNet-Cockpit bereiten. Beispiele:

- ☆ E-Mail-Programme wurden mit Adressbuch, Kalender und Aufgabenverwaltungen angereichert.
- ☆ Im Privatbereich ist WhatsApp der führende Messenger, weitere sind Threema, Telegram und der Facebook Messenger. Im Geschäftsbereich sind typischerweise Tools wie Slack, Microsoft Teams und Facebooks Workplace im Einsatz. Auch diese Tools werden um weitere Funktionen angereichert oder mit bestehenden Tools verknüpft.
- ☆ Ticketsysteme wie Jira bemühen sich ebenfalls darum, die IT-Ecke zu verlassen und als zentrale Drehscheibe für Teamarbeit in allen Bereichen eines Unternehmens eingesetzt zu werden.
- ☆ Aus dem Bereich der Notizen und Aufgabenlisten kommen beispielsweise Evernote und To-Do, aus der Kalenderwelt Calendly und Doodle, aus dem Projektmanagement Trello und Zoho, aus dem Bereich Dokumentenverwaltung kommt Dropbox sowie Yammer als Vertreter der Social Networks; nur um einige zu nennen.

Die Vielzahl und Vielgestaltigkeit an Tools erscheint wie ein bunter Tool-Zoo. Die Toolhersteller bemühen sich, durch neue Funktionen den angestammten Bereich zu verlassen und schrittweise alle Aufgaben der Zusammenarbeit (Collaboration) anzubieten. Von Haus aus als integrierte Suite sind Collaboration-Software wie Bitrix24 oder Asana angelegt.

Communications Platforms-as-a-Service (CPaaS) wie Twilio gehen den umgekehrten Weg. Sie stellen eine API in einer Cloud zur Verfügung, so dass Funktionen wie Messaging und Sprach- und Videodienste in eigenentwickelte Software genutzt werden können.

Die meisten solcher Werkzeuge bieten typischerweise Funktionen für diese Aufgaben an:

☆ **Projekte**: Ticketmanagement, Aufgabenverwaltung, Medien- und Dokumentenverwaltung, Checklisten, Berichtwesen, Wiki
☆ **Kommunikation**: E-Mail, Messaging, Chat, Terminabstimmung, Telefon- und Videokonferenzen
☆ **Organisation**: On- und Offboarding, Digitale Identität, Zeiterfassung, Workflows, Kalender, Abrechnung

Das Kernproblem all dieser Tools liegt im permanenten Medienbruch. Zwischen den Tools gibt es keinen Übergang, und inhaltlich sind sie unterschiedlich strukturiert. Nur für Dokumente haben sich Standards wie HTML und PDF herausgebildet.

☆ **Die Kollaborations-Tools sollen die Zusammenarbeit von Menschen unterstützen und ausgerechnet diese Tools können nicht zusammenarbeiten.**

Unter dem Schlagwort „Digital Workplace" wird eine Arbeitsplattform diskutiert, die alle Informationen digital bereitstellt, über eine Collaboration Suite verfügt sowie Unternehmensanwendungen integriert. Der Digital Workplace ist vollständig virtualisiert (Virtual Desktop) und dadurch mobil auf verschiedenen Endgeräten verfügbar. Der Digital Workplace ist somit nur eine Fortsetzung des Desktop- und Collaboration-Konzepts, ohne die Grenzen einer Organisation zu überschreiten.

In China ist WeChat auf dem Smartphone sehr populär, da WeChat über eine Schnittstelle anderen Anbietern die Möglichkeit bietet, Apps zu ergänzen. Dadurch wird es den Nutzern auch ermöglicht, mit WeChat zu bezahlen, ein Taxi oder Essen zu bestellen, Arzttermine zu buchen und vieles mehr. WeChat ist vom einfachen Chatdienst zu einer Plattform mutiert und ständiger Begleiter im chinesischen Alltag.

Die Technologien für das WorkNet existieren bereits. Was fehlt, ist der grundlegende Standard, über den unternehmensübergreifend alle Beteiligten, Tätigkeiten und Dienste integriert werden. Das Prinzip WorkNet wird ein enormer Schub für die Zusammenarbeit von Menschen und die Produktivität von Unternehmen sein Das WorkNet ist das neue Internet.

ZUSAMMENFASSUNG Kapitel 10

☆ **Das WorkNet** ist das Gegenteil des statischen Desktops mit seinen vielen Tools. Es verbindet auch nicht primär Informationen, wie das World Wide Web, sondern die dynamische Tätigkeit von Menschen und Geräten. Das WorkNet ist das Schweizer Taschenmesser für die tägliche Arbeit und ersetzt eine Vielzahl unterschiedlichster Tools.

☆ **Das WorkNet** ist das Konzept für einen Standard mit einem einheitlichen Basisformat, übergreifender Vernetzung, einer API sowie einem Plugin-Mechanismus als auch einem benutzerfreundlichen Cockpit.

☆ **Das WorkNet** senkt die Kosten für den Tool-Einsatz und vermindert die Transaktionskosten, reduziert die Arbeit von fachfremden Tätigkeiten, erhöht die Transparenz, erleichtert so die Umsetzung von Compliance-Vorgaben und ermöglicht neue Geschäftsmodelle.

X-WORK

X-Work

Das Rad der Veränderung dreht sich immer schneller. Das hat einfache Gründe:

☆   Die technische Leistungsfähigkeit wird ständig gesteigert.
☆   Die Digitalisierung durchdringt immer mehr Bereiche.
☆   Die Übermittlung von Information ist weltweit in Echtzeit möglich.
☆   Innovationen stehen sofort und überall für jeden zur Verfügung.
☆   Die Logistik transportiert Personen und Waren immer schneller.
☆   Die Menschheit wächst, und damit die Zahl der Köpfe für Innovationen und das Potential für Marktnischen.

Da Unternehmen diese Möglichkeiten für ihren Vorteil nutzen, müssen alle Prozesse eines Unternehmens maximal beschleunigt werden: Sofort, überall, für jeden.

X-Work (gesprochen als „Cross-Work") steht für eine Arbeitswelt, in der analoge und digitale Welten verbunden sind, einer Arbeitswelt von Extremen und großer Vielfalt.

In Produktionsbetrieben ist es schon lange üblich, dass sich der Einsatz von Personal nach der Auslastung der Maschinen, dem Fließband, richtet. Der Mensch arbeitet der Automatisierung zu. Nur wenn Computer oder Roboter etwas nicht beherrschen, kommt der Mensch zum Einsatz. Solche Strukturen lassen sich in der Regel gut skalieren. Das ist ja der ursprüngliche Sinn von Arbeitsteilung und Fließbandarbeit. Der Arbeitsleistung des einzelnen Menschen sind natürliche Grenzen gesetzt – deshalb wird die menschliche Arbeit von der Gesamtleistung einer Organisation so weit wie möglich entkoppelt.

In anderen Bereichen der Unternehmen ist es meist umgekehrt. Der Mensch bestimmt die Arbeit und nimmt verschiedene Hilfsmittel zur Unterstützung in Anspruch. Die Nutzung dieser Tools erfolgt oft langwierig und aufwendig. Insbesondere koordinative Aufgaben leiden unter lang dauernden Abläufen. Diese Aufgaben können nicht so leicht aufgeteilt und skaliert werden. Zum einen ist der ständige Austausch des Wissens aufwendig, es entstehen Transaktionskosten, zum anderen steigt mit jedem weiteren Teilnehmer der Aufwand der Koordination.

Es stellt sich die Frage: Wie können diese Tätigkeiten in Bereichen wie Marketing, Finanzen oder Vertrieb massiv beschleunigt werden? Wir kann die Handlungsgeschwindigkeit um den Faktor 10, 100 oder mehr gesteigert werden?

☆ **Unternehmen müssen in Echtzeit handlungsfähig sein.**

Durch Digitalisierung und Automatisierung arbeiten Teile eines Unternehmens in Echtzeit – sofort, überall und für jeden. Wenn wir eine Organisation nur technisch automatisieren und den Menschen als ein Werkzeug von vielen betrachten, wird der Mensch zum Störfaktor. Dann leiden Menschen unter Stress und erkranken an Burnout.

Wie vermeiden wir, dass der Mensch zum Flaschenhals wird, weil er nicht wie eine Maschine funktioniert? Wie können wir dafür sorgen, dass der Mensch seine Fähigkeiten bestmöglich einbringen kann? Wie muss die Organisation beschaffen sein, in der der Mensch treibende Gestaltungskraft ist? Wie verbinden wir zum höchstmöglichen Nutzen aller Beteiligten eine hochautomatisierte Organisation mit einer humanen Arbeitswelt? Wie wird ein digitalisiertes Unternehmen menschlich?

High Performance Organisation

Wir haben durch die ganzheitliche Projektstruktur und das WorkNet die Arbeitsbedingungen – zumindest gedanklich – geschaffen, die es uns ermöglichen, schnell und effizient zu arbeiten, sowohl im Unternehmen als auch in Zusammenarbeit mit Kunden und Lieferanten.

Als Engpass bleibt zunächst der Mensch. Ein Kollege ist länger erkrankt, und die Vertretung kennt sich nicht aus. Eine Kollegin ist im Mutterschutz und eine andere drei Wochen im Urlaub. Ein Kollege arbeitet nur Teilzeit und der nächste hat zu viel zu tun.

Der Sand im Getriebe macht die Gesamtorganisation langsam. Verzögerungen an einer Stelle schaffen weitere Verzögerungen an anderen Stellen. Die Langsamkeit schaukelt sich auf. Dies erfordert zusätzliches Personal, das selbst wieder Potential für Verzögerungen bildet. Durch weiteres Personal steht zwar zusätzliche Arbeitskraft zur Verfügung. Doch zugleich erhöht sich der Kommunikationsaufwand im Team. Letztlich verlangsamt sich die Organisation immer mehr. Während in den technischen Bereichen Stillstands- und Ausfallzeiten durch technische Maßnahmen gegen Null gesenkt werden können, bleibt das Netzwerk der Stillstände bei menschlichen Tätigkeiten unverändert hoch. Das beste Potential der digitalen Transformation kann jedoch nur ausgeschöpft werden, wenn auch diese Stillstände in ein flüssiges Aktionsmuster versetzt werden.

Wie arbeitet ein Unternehmen geschmeidig und ohne Reibungsverluste? Wie wird das Netzwerk der Stillstände aufgelöst? Wie nimmt das Unternehmen Fahrt auf? Die Antwort darauf ist eine High Performance Organisation.

Die Basis für High Performance Organisation sind

☆   die Digitalisierung,
☆   ein hoher Automatisierungsgrad,
☆   agile Strukturen,
☆   eine durchgängige Projektstruktur
☆   und das WorkNet.

Damit ist die Grundlage für High Performance Organisation gelegt. Aber die Frage nach dem Menschen in diesen Strukturen ist noch offen.

Dazu müssen wir zunächst scheinbare Widersprüche auflösen. Frederick P. Brooks hat in seinem Buch „Vom Mythos des Mann-Monats" festgestellt, dass in einem verzögerten Softwareprojekt die Aufstockung des Personals nur weiterer Sand im Getriebe ist.

☆   **„Der Einsatz weiterer Arbeitskräfte bei bereits verzögerten Software-projekten verzögert diese nur noch mehr."**
     Frederick P. Brooks 1975 in „Vom Mythos des Mann-Monats"

Der Grund ist, dass Softwareprojekte einst nach den Prinzipien industrieller Fließbandproduktion organisiert waren und Menschen in Stückzahl bemessen wurden. Softwareentwicklung hat aber sehr viel mit menschlicher Kreativität und Kommunikation zu tun. Software ist ein zutiefst menschliches Produkt. Ein scheinbarer Widerspruch: Hier die hochtechnisierte IT und dort der Mensch. Erst die agile Softwareentwicklung hat diese zentralen Strukturfehler erkannt und gelöst.

Für die High Performance Organisation müssen wir noch einen zweiten Widerspruch auflösen: Mehr Menschen machen ein Projekt langsamer. Doch die High Performance Organisation macht etwas Paradoxes, das glatte Gegenteil von Reduzierung durch Digitalisierung: Positionen werden doppelt besetzt. Je zwei Mitarbeiter arbeiten im Tandem auf einer Position. Ein Mitarbeiter bekommt einen Zwilling, einen realen Zwilling.

In der Softwareentwicklung kennt man das Tandem-Prinzip als Pair Programming: Zwei Softwareentwickler arbeiten gemeinsam an einem Bildschirm. Abwechselnd schreibt einer der beiden am Programmcode, während der andere vorbereitet, prüft und Ideen einbringt. Die Qualität steigt und die Urlaubsvertretung ist inhärent geregelt. Unter Distributed Pair Programming (DPP) versteht man dasselbe Prinzip an verschiedenen Standorten. Auf diese Weise kann auch über Länder und Kontinente hinweg ein Tandem gebildet werden.

Qualitative Arbeitsteilung

Die Arbeit wird in fachliche Spezialgebiete unterteilt – etwa Design, Produktion und Vertrieb. Je niedriger die Transaktionskosten zwischen den Tätigkeiten sind, desto stärker kann spezialisiert werden.

Wichtig ist, dass das Team gemeinschaftlich an den Aufgaben arbeitet. Ziel ist es, dass ein Tandem-Team in die Lage versetzt wird, jederzeit schnell zu agieren und zu reagieren. Die Organisation der Arbeit erledigt ein solches Tandem-Team eigenverantwortlich.

Quantitative Arbeitsteilung

Gleiche Tätigkeiten werden auf verschiedene Aufgabenträger verteilt. Ein Beispiel sind Callcenter oder Wartungsteams. Diese Tätigkeiten lassen sich durch zusätzliches Personal vergleichsweise einfach skalieren.

Die Arbeit kann im Rahmen eines solchen Tandems zeitlich flexibel aufgeteilt werden, etwa eine Frühschicht und Spätschicht mit überlappender Arbeitszeit. Bei Urlaub einer Person kann der Tandem-Partner den Grundbetrieb aufrecht halten. Auch bei Schulungen, Krankheit und allen anderen Abwesenheiten eines Teammitglieds läuft die andere Schicht wie im Urlaubsmodus weiter. Sind beide Tandem-Mitglieder zur gleichen Zeit erkrankt, kann im Idealfall ein anderes Tandem-Team in den Urlaubsmodus versetzt werden, so dass einer der beiden Teammitglieder für das erkrankte Team einspringt. Es gibt keinen Stillstand mehr und das Netzwerk der Stillstände verschwindet.

Für Tandem-Teams kommen besonders Aufgaben mit koordinativem Charakter in Frage, etwa Projektleiter oder Fachverantwortliche. Die Herausforderung sind Stellen, die bislang an eine einzelne Person gebunden sind. Statt von Stellen sollte man besser von Aufgaben sprechen. Abteilungen und Stellen sind Vergangenheit – Projekte und Aufgaben die Zukunft. Ein Tandem-Team hat eine oder mehrere Aufgaben und nimmt diese in verschiedenen Projekten wahr. Das Team wird dann als Team adressiert. Wer einen Task im WorkNet bearbeitet, entscheidet das Team selbst.

In Bereichen wie Produktion, Call-Center oder Logistik wird die gleiche Aufgabe schon heute auf den Schultern vieler Personen verteilt. Wer den Kundenanruf entgegennimmt oder eine Lieferung zusammenstellt, ist längst skalierbar. Für produktionsartige Organisationen liegen reichliche Erfahrungen vor.

Die wichtigsten Vorteile von High Performance Organisation:

☆ **Höhere Geschwindigkeit**: Die vielen Stillstände in einem Unternehmen werden massiv reduziert. Das Unternehmen stottert sich nicht mehr durch die Arbeit, sondern läuft durch. Dank der ausdehnbaren Arbeitszeit eines Tandem-Teams werden auch internationale Aufgaben leichter bewältigt. Bei einem europäischen Standort kümmert sich die Frühschicht beispielsweise um Asien, die Spätschicht um Amerika.

☆ **Zuwachs an Kompetenz**: Zwei wissen mehr und können sich auch in ihrem Wesen ergänzen. Etwa, wenn ein Teammitglied visionärer ist, das andere bodenständiger. Ein Mitglied kommt aus dem Start-up-Umfeld, das andere ist konzernerprobt. Ebenso ergänzen sich verschiedene Kultur- und Sprachkenntnisse nutzbringend. Denkbar ist auch, Fach- und IT-Kompetenz zusammenzuführen.

☆ **Steigerung der Qualität**: Im Team gibt es eine mitlaufende Qualitätssicherung. Funktioniert das Team, passt der eine auf den anderen auf und gleicht Fehler und Schwächen aus (Prinzip Tauchbuddy). Die Teamdiskussion „Was denkst du darüber" sorgt für Qualitätszuwachs.

☆ **Entschleunigung für den Einzelnen**: Das Tandemprinzip erlaubt eine Entschleunigung für den Einzelnen. Es ermöglicht, Freiräume zu schaffen, etwa um in Ruhe an einem Konzept zu arbeiten, freie Zeit für Fortbildung und Ideenfindung (Slacktime, Deep Work) zu organisieren oder Zeit für persönliche Angelegenheiten zu finden.

Ziel einer High Performance Organisation ist es, dass die innere Organisation immer sofort aktions- und reaktionsfähig ist. Dies gilt vor allem für die Beseitigung von Fehlerlagen, etwa Software-Bugs, die Erfüllung von Kundenwünschen und das Treffen von Entscheidungen. Die höheren Kosten rechnen sich durch die deutlich verbesserte Gesamtleistung eines Unternehmens.

Die Herausforderung für High Performance Organisation liegt darin, dass ein Tandem als Team funktioniert. Die viel beschworene Teamfähigkeit ist hier gefordert. Trifft ein Teammitglied eine Entscheidung, muss diese aus einem gemeinsamen Verständnis des Teams heraus fallen. Grundsätzlich ist High Performance Organisation dafür geeignet, auf ein Team von drei oder gar vier Teammitgliedern je Aufgabe ausgedehnt zu werden. Möglich ist auch, dass die Teammitglieder in verschiedenen Zeitzonen leben und arbeiten. Das macht die Koordination innerhalb des Teams allerdings aufwendiger.

Entscheidend für das Tandem-Prinzip bleibt, dass alle gemeinsam an einer Aufgabe arbeiten. Die Organisation der Spezialisierung sehen wir im folgenden Kapitel über cross-funktionale Teams.

☆ **High Performance Organisation beschleunigt das Unternehmen und entschleunigt es für den Einzelnen.**

High Performance Organisation vermeidet die unzähligen kleinen und größeren Stillstände in einem Unternehmen, bei gleichzeitiger Erhöhung der Leistungsfähigkeit. High Performance Organisation verbindet das Beste von Mensch und Maschine. High Performance Organisation macht das digitale Unternehmen menschlich. Mehr noch: Der Mensch ist nicht mehr Getriebener, sondern Lenker und Gestalter.

Cross-funktionale Teams

Unternehmen sind klassischerweise in ihre Funktionen aufgeteilt, also u.a. Entwicklung, Produktion, Marketing, Vertrieb und Finanzen. Auch die klassische IT ist funktional gegliedert, angefangen bei Entwicklung und Betrieb. Bei dieser funktionalen Aufteilung kommt es häufig zu Kommunikationsbarrieren zwischen den funktionalen Bereichen, die sogenannten Silos.

Agile Teams sind cross-funktional aufgestellt. Alle Experten, die für ein Produkt oder Service erforderlich sind, werden in ein Team zusammengefasst. Der Aufgabenbereich eines Teams wird so geschnitten, dass die Teamgröße mit idealerweise 5 – 10 Personen überschaubar bleibt. Diese Arbeitsstruktur ermöglicht eine rasche Abstimmung und führt unterschiedliches Wissen und Fähigkeiten in einem Team zusammen. Solche Teamstrukturen passen hervorragend zum Projekt-Prinzip sowie dem Konzept der Software-Services.

☆ **Ein Service – ein Team – ein Projekt**

Jedoch hat auch diese cross-funktionale Struktur Nachteile. Zunächst hat man die eine Silostruktur durch eine andere Silostruktur ersetzt. Microservices und cross-funktionale Teams sind die neuen Silos. In der Folge kommt es zu Insellösungen und unternehmensweit zu einem Wildwuchs an Technologien. In der Softwareentwicklung sind die Teams typischerweise mit Produkt-Owner, Softwareentwicklern, Testern und Cloud-Experten besetzt. Überdies benötigen die Teams aber mindestens Spezialisten für Design, IT-Security und IT-Architektur. Weitere Experten für Marketing, Produktion oder anderen Bereichen werden ebenfalls benötigt. Deshalb spricht man über DevOps hinaus auch von DevOpsSec, DevOpsSecBiz, DevOpsSecBizArch usw.

Je weiter die IT in alle Unternehmensbereiche eindringt und je mehr die verschiedenen Bereiche verzahnt und integriert werden, desto größer wird die Zahl der benötigten Experten. Es ist die gleiche Problematik, die Konzerne und ihre Landesgesellschaften haben. Funktionen wie Marketing oder Vertrieb sind typischerweise sowohl in der Zentrale als auch in jeder Landesgesellschaft angesiedelt, um die Landesgesellschaft ebenfalls mit entsprechender Kompetenz auszustatten. Zugleich sollen aber zentrale und lokale Fachexperten im Austausch sein, so dass das Unternehmen einheitlich agiert.

Interdisziplinarität

Cross-funktionale Teams verankern Interdisziplinarität im Projektalltag. Die Zusammenarbeit zwischen verschiedenen Fachexperten wird systemimmanent. Kreativität und Innovation ist Teil der Tagesarbeit.

Organisationen mit cross-funktionalen Teams entwickeln Strukturen, um eine möglichst hohe Qualität und Kompetenz in jedem Team sicherzustellen. Teams verfügen deshalb über ein Kernteam und werden bedarfsorientiert durch Teilzeit-Experten ergänzt. Diese Experten arbeiten wahlweise mit einem bestimmten Wochenanteil im Team mit oder unterstützen fallweise.

Die Spezialisten eines Fachgebietes sind in sogenannten Gilden, auch als Communities of Practice bezeichnet, zusammengeschlossen. In diesen Gilden tauschen sie sich aus und organisieren einheitliche technologische Strukturen (Blueprints) sowie gemeinsame Qualitätsstandards. Aus diesen Gilden rekrutieren sich Expertenvertreter in Fachgremien, Normungsorganisationen und repräsentative „Evangelisten". Weiterhin liefern sie Beiträge zur Open Source Community und importieren Innovationen.

Die cross-funktionalen Teams verantworten die Kernkompetenzen eines Unternehmens und liefern Kundennutzen; sie sind besonders auf Effektivität ausgerichtet. Gilden professionalisieren Fachkompetenzen und tragen besondere Verantwortung für die Effizienz eines Unternehmens.

Doppelte Fehlerkultur

Innovation gelingt nicht ohne Fehler. Wichtig ist es, Fehlentwicklungen zu erkennen und zu korrigieren. Es gibt zwei grundsätzliche Fehlerkulturen:

Die eine ist die Nullfehler-Toleranz bei Produkten. Das ist schon deshalb notwendig, weil Fehler nicht nur Reputation kosten, sondern auch echten Schaden anrichten können und im Extremfall Leben riskieren. Das erfordert neben intensiver Qualitätssicherung einen ehrlichen Umgang mit Fehlern. Ein Produkt muss nicht alles können, aber was es kann, das muss es können. Darüber hinaus vermeidet ein Produkt Fehlverhalten der Nutzer im Sinne von „Don't make me think" durch gutes Design, und wenn sie dennoch auftreten, dann wird sinnvoll damit umgegangen.

☆ **„Irren ist menschlich."** *Seneca*

Das Produkt muss nicht nur fehlerfrei sein, sondern darüber hinaus auch Fehlbedienung und Irrtümer vermeiden.

Die andere Fehlerkultur erlaubt Offenheit für Experimente, für das Einschlagen einer anderen Richtung oder die Bereitschaft, noch einmal von vorne zu beginnen, ein „Trial and Error Mindset". Handeln kann Fehler verursachen; nicht zu handeln, kann der größere Fehler sein.

Dabei steht nicht die Frage „Wer hat den Fehler gemacht?" im Mittelpunkt, sondern „Was ist der wahre Grund?" oder noch mehr „Wozu ist der Fehler gut?". Ein aufgetretener Fehler kann Grundlage eines automatisierten Tests sein, so dass die Fehlersituation für die Zukunft abgesichert wird.

Instrumente einer Fehlerkultur

☆ **Gutes Design:** Das Produkt vermeidet Nutzungsfehler und für den Fall der Fälle fängt es diese ab. Beispiele im Auto: Interface Design, Stabilitätsprogramm, Spurhalteassistent.

☆ **Lessons Learned:** Systematisches Sammeln und Auswerten von Erfahrungen, um kontrolliert Verbesserungen umzusetzen. Im Scrum ist dies als Retrospektive am Ende des Sprints verankert. Das Militär führt ein Debriefing nach dem Einsatz für eine „Manöverkritik" durch.

☆ **Training:** Flugzeugpiloten trainieren im Simulator auch Situationen, die äußerst unwahrscheinlich sind. Das Training ist härter als die Realität, damit reale Schwierigkeiten Routine sind. Perfektioniert hat das die IT von Netflix mit Spezialprogrammen, die das Live-System zufallsgesteuert beschädigen, mit dem Ziel, dass der Betrieb routinemäßig mit Fehlern umgeht und alles tut, damit diese für den Kunden ohne Wirkung sind.

☆ **Feedback:** Rückmeldung über das Verhalten, sei es einer Person, eines Produktes oder eines Unternehmens. Monitoring und Benchmarking liefern dafür die erforderlichen Erkenntnisse.

☆ **Zero Tolerance:** Fehler sind konsequent zu vermeiden, und wenn sie auftreten, erreichen sie nicht den Kunden. Ein Fehler muss sofort beseitigt werden und hat daher oberste Priorität.

☆ **König Kunde:** Nach der Regel „Der Kunde macht keinen Fehler" wird alles getan, um Kundenfehler zu vermeiden. Treten sie doch auf, dann wird dies nicht als Fehler des Kunden betrachtet, sondern als Fehler des Produkts, den es abzustellen gilt.

☆ **Fehler als Chance:** Fehler sind eine Chance für Verbesserungen und Innovation. Ein betriebliches Vorschlagswesen sowie ein Feedback- und Beschwerdemanagement schaffen den organisatorischen Rahmen.

☆ **Refinement:** Im Design werden Innovationen üblicherweise Schritt für Schritt in vielen Iterationen entwickelt und verfeinert. Refinement steht dabei für Detaillierung, Vervollkommnung, Präzision und Raffinesse. Der Gestaltungsprozess integriert auf diese Weise auch eine Fehlerkultur von Versuch und Irrtum.

☆ **Risikointelligenz** ist die Fähigkeit, in Risikosituationen professionell organisiert und kontrolliert zu handeln. Das erfordert ein Konzept für den Umgang mit Risikolagen sowie entsprechendes Training.

Die Herausforderung ist, zwei völlig gegensätzliche Fehlerkulturen in der Unternehmenskultur zu verankern. Das eine ist eine harte Nullfehler-Toleranz. Das andere ist das glatte Gegenteil: Fehler sind erlaubt, werden geradezu eingefordert.

Ein Spagat von Akribie und Pedanterie sowie Flexibilität und Erfindungsreichtum, der zumindest in der Softwareentwicklung oft dieselben Mitarbeiter fordert. Der Aufbau einer Fehlerkultur und entsprechender Ausbildung schaffen den Rahmen, um den Umgang mit Fehlern zu professionalisieren.

Neben der Fehlerkultur ist auch ein entsprechendes Fehlermanagement erforderlich. Systematisch müssen Fehler erkannt und erfasst werden, in der Folge die Ursache diagnostiziert werden und schließlich jeder Fehler beseitigt werden. In resilienten Systemen können bis zur Beseitigung eines Fehlers die Fehlerwirkungen abgefangen und kompensiert werden.

Lean Production

Die Konzepte für die schlanke Produktion (Lean Production) sind ähnlich wie bei Nullfehlerkonzepten: Das Null-Fehler-Prinzip, die Standardisierung und das Fließprinzip sind allgemeine Prinzipien, die sich in der Continuous Delivery der Softwareproduktion wiederfinden und heute in die Organisation von Unternehmen zurückspielen.

Die Bildung solcher Gegensätze und Extreme wie die beiden unterschiedlichen Fehlerkulturen sind ein typisches Muster: Globalisierung auf der einen Seite, maximale Individualisierung auf der anderen Seite. Zentrale Cloud-Systeme hier und dort das Internet of Things mit Milliarden von lokalen Kleinstcomputern. Einerseits hocheffizientes Arbeiten in kürzester Zeit, andererseits sehr aufwendige Entwicklungsarbeiten bis zur Perfektion. Die chinesische Philosophie kennt dies als Yin und Yang. X-Work steht für die Verbindung der Extreme in der Arbeitswelt.

Agile Arbeitswelt

Ungewissheit und Veränderungen erzeugen Unsicherheit. Disruptionen sind starke Veränderungen, die deutliche Unsicherheiten hervorrufen können, bis zu Angst und Mutlosigkeit. Die Fähigkeit eines Menschen, mit Veränderungen mehr oder weniger gut umzugehen, Herausforderungen zu suchen oder zu meiden, ist von Person zu Person unterschiedlich. Veränderung erzeugt Stress und erfordert zusätzlichen Energieaufwand. Wie schafft man Rahmenbedingungen, in denen Mitarbeiter ihren eigenen Arbeitsplatz abschaffen und neue aufbauen?

Agilität dient dem Umgang mit Veränderung. Mitarbeiter bekommen mit agilen Methoden, Automatisierung und fachlicher Bildung das Rüstzeug, um mit ständigen Veränderungen und wachsender Vielfalt professionell umzugehen. Darüber hinaus gibt es in der Personalentwicklung zahlreiche Methoden wie Mentalitätsentwicklung, betriebliches Gesundheitswesen oder die optimale Zusammensetzung von Teams, die menschlichen Bedürfnissen einen professionellen Rahmen geben.

Das agile Unternehmen ist Mannschaftssport. Die Arbeitsweise orientiert sich an Rollen statt an Hierarchie. Selbstorganisierte und befähigte Teams können schneller agieren als langwierige Abstimmprozesse in der Hierarchie. In agilen Teams gibt es ebenfalls Führungskräfte, die Mannschaftskapitäne. Führungsaufgaben sind Teil der Arbeitsteilung im Team und dienen dem Team.

Die Fehlerkultur erlaubt Offenheit für Experimente, für das Einschlagen einer anderen Richtung oder die Bereitschaft, noch einmal von vorne zu beginnen, ein „Trial and Error Mindset".

Führen mit Auftrag

Das Militär gilt als Organisation, die auf Befehl und Gehorsam basiert und in der jeder Schritt kleinlich vorgegeben wird. Das ist ein verbreiteter Irrtum. Entwicklungen im Gefecht sind schwer vorhersehbar und erfordern einen flexiblen Umgang mit bedrohlichen Herausforderungen, ständig sich verändernden Lagen und großen Unsicherheiten.

Deshalb agieren militärische Truppen schon lange durch „Führen mit Auftrag". Eine Gruppe, etwa eine Flugzeugbesatzung oder ein Panzerverband, erhält einen Auftrag. Diesen setzt die Gruppe eigenverantwortlich um. Dabei muss die Gruppe schnell reagieren, sich kurzfristig abstimmen und immer wieder neu entscheiden. Führen heißt beim Militär, ein Ziel vorzugeben und die Mittel bereitzustellen.

Die militärische Führung durch Auftrag hat in der zweiten Hälfte des 19. Jahrhunderts begonnen, begleitet von technischen Disruptionen. Das neu geschaffene Eisenbahnnetz erlaubte große Truppen effizient zu mobilisieren. Zugleich wurden militärische Meldewege durch die Telegrafie rasant beschleunigt. Dazu kam die zunehmende Automatisierung der Handfeuerwaffen sowie die Industrialisierung ihrer Produktion.

Die Geschichte scheint sich zu wiederholen. Heute sind die Stichworte Mobilität, Automatisierung der Produktion, Kommunikation und Internet of Things.

Führungskräfte müssen den Spagat leisten, gleichzeitig dem Unternehmen als auch dem Team zu dienen sowie in kurzer Zeit radikale Änderungen am Geschäftsmodell durchzuführen. Sie sind selbst Experte, um schnell aus eigener Kraft Entscheidungen treffen zu können. Sie treiben evolutionäre Entwicklungen voran und gestalten revolutionäre Umbrüche.

Agilität und Selbstorganisation sind kein Selbstzweck. Sie ermöglichen einem Unternehmen die erforderliche Anpassungsfähigkeit und Handlungsgeschwindigkeit. Für Unternehmen und Mitarbeiter kann eine Win-win-Situation entstehen, wenn Fortentwicklung des Unternehmens und die eigene Persönlichkeitsentwicklung zusammenspielen.

Die Herausforderungen liegen nicht nur darin, mit Veränderungen zurechtzukommen und diese Veränderungen selbst initiieren zu müssen, sondern das Ganze spielt sich überdies in den Extremen „sofort, überall, für jeden" ab. Dies kann nicht mehr umfassend über hierarchische Strukturen von oben nach unten gesteuert werden. Erforderlich sind Mechanismen zur Selbststeuerung dort, wo Entscheidungen getroffen werden müssen. Solche Mechanismen sind u.a. Feedback, Monitoring und Kundenorientierung.

☆ **Auch ein agiles Unternehmen verfügt über Ordnung und Disziplin, mehr noch: Es verfügt über Automatismen. Die agile Ordnung ist nur von anderer Art.**

X-Work steht für die extremen Kulturen, die es zu verbinden gilt und für cross-funktionale Teams, die mutig das Unbekannte anpacken. X-Work überwindet Grenzen und verwebt analoge und digitale Welten. X-Work verändert die Arbeits- und Unternehmenskultur.

ZUSAMMENFASSUNG Kapitel 11

- ☆ High Performance Organisation beschleunig Unternehmen ein Vielfaches.
- ☆ Mit Tandems werden Positionen doppelt besetzt.
- ☆ Das Netzwerk der Stillstände wird beseitigt.
- ☆ Cross-funktionale Teams bringen zusammen, was zusammen gehört.
- ☆ Agilität und Selbstorganisation bedeuten Automatismen und Disziplin.
- ☆ X-Work steht für die Verbindung der Extreme.

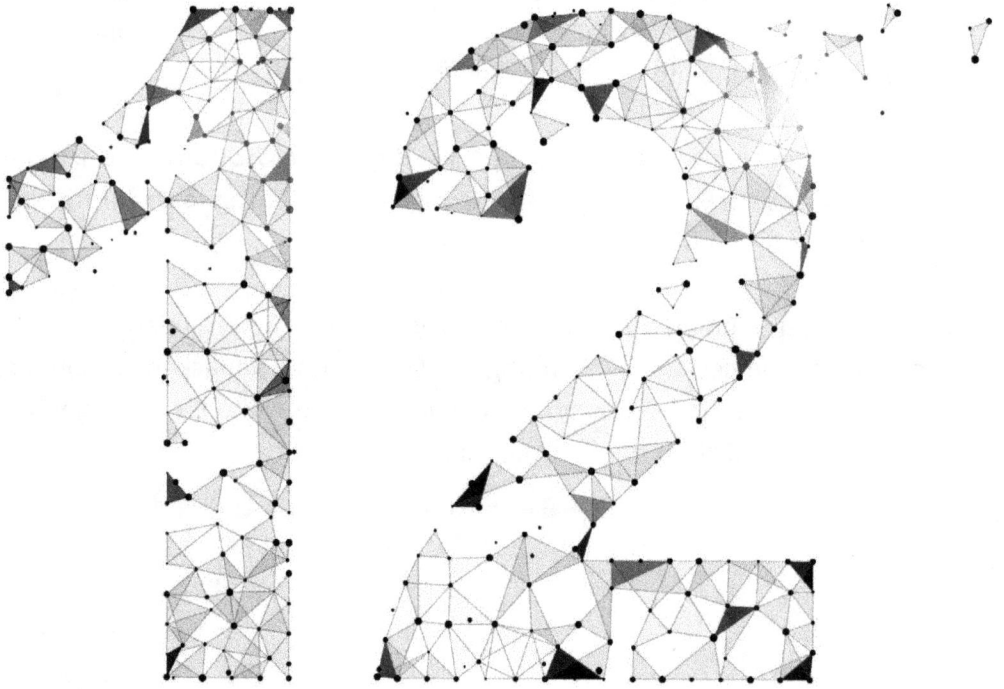

DIE
DIGITALE
DNA

Die digitale DNA

Ein Fahranfänger trifft die Entscheidungen beim Autofahren noch ganz be-wusst. Jeder Handgriff, jeder Pedaltritt und jede Lenkbewegung werden vorher durchdacht und angeleitet. Entsprechend langsam und zögerlich absolviert der Anfänger die ersten Kilometer. Durch Üben werden die verschiedenen Bewegungen zur Gewohnheit. Dank Routine verbraucht das Gehirn weniger Energie und hat Kapazitäten für andere Aufgaben frei. Routine, die wiederhol-bare Beherrschung von Prozessen mit gleichbleibender Qualität, ist auch die Grundlage für die Struktur einer Organisation – ihre DNA.

Gewohnheit und Wandlung sind eigentlich Gegensätze. Doch sie sind zwei Sei-ten einer Medaille: Zukunftsfähige Unternehmen vereinen unterschiedliche Kulturen in sich; sie beherrschen Routine und Innovation, Standardabläufe und Veränderungskultur.

☆ **Die große Kunst ist, die Veränderungsfähigkeit strukturell in einer Organisation als Routine zu installieren.**

Die notwendigen Instrumente wie Automatisierung, Agilität, umfassende Projektstruktur, WorkNet, cross-funktionale Teams und designgetriebene In-novationen müssen dazu systemimmanent in den Organisationsstrukturen verankert werden.

Digitale DNA bedeutet, dass die Veränderungsfähigkeit in das Wesen eines Unternehmens integriert ist. Anstelle einmaliger Change-Aktivitäten treten permanente Veränderungsstrukturen. Die digitale Transformation wandelt eine Organisation in eben diese sich selbst verändernde Organisation.

MENSCH

AGILITÄT

INNOVATION

DESIGN

WORKNET

X-WORK

AUTOMATION

PROJEKT

TECHNIK

DIGITALISIERUNG

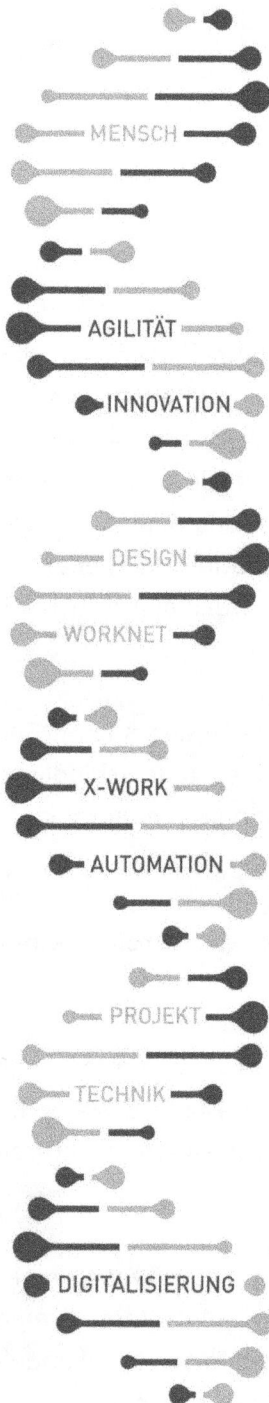

Die digitale DNA eines Unternehmens gestaltet sich nicht nur durch leistungsfähige technische Systeme, sondern besonders auch durch eine flexible Organisation, agile Unternehmenskultur und seine Akteure.

Die großen Treiber der Transformation sind der unaufhörliche technologische Fortschritt, die umfassende Digitalisierung und die damit verbundene Globalisierung. Entscheidend für ein Unternehmen ist die Fähigkeit, sich mit hoher Geschwindigkeit anpassen zu können und zugleich Veränderungen selbst zu initiieren.

☆ **Das Fundament dieser Strukturen ist die Automatisierung von Prozessen, auf denen aufbauend Agilität gelebt wird.**

Die Digitalisierung und die entsprechenden Technologien sind zweifelsohne die Basis für die digitale DNA. Automatisierte Prozesse bauen darauf auf. Organisatorische Strukturen wie „Alles ist ein Projekt", WorkNet und X-Work ermöglichen die Flexibilität bei zugleich hoher organisatorischer Geschwindigkeit.

Design und Innovation sind treibende Kräfte für aktive Veränderung. Die digitale DNA ist ein Zusammenspiel aus Stabilität und Wandel.

Auf dieser breiten Grundlage von der Digitalisierung bis zur Innovationskultur kann ein Unternehmen Agilität leben und den Menschen in den Mittelpunkt seines Wirkens stellen.

Der Code der Veränderung

Die Transformation der Organisation hin zu permanenter Veränderung sowie ständiger Handlungsfähigkeit und globaler Präsenz bedeutet grundlegende Strukturveränderungen. Ob das Unternehmen mit einem großen Plan arbeitet oder mit Leuchtturmprojekten die Dynamik in Gang bringt, ist zweitrangig. Vorrangig ist es, sich auf den Weg zu begeben.

Die Herausforderung

Zentrale Herausforderungen sind, jederzeit global agieren zu können und Veränderung aktiv zu steuern.

1. **Jederzeit handlungsfähig**
   Ein wesentliches Ziel ist die Fähigkeit, jederzeit handlungsfähig zu sein, sofort zu reagieren und selbst Veränderungen aktiv zu initiieren und zu steuern. Agilität und Selbstorganisation sind keine zusätzlichen Management-Tools, sondern eine andere Art von Unternehmen.

2. **Global agieren**
   Dank Vernetzung und Mobilgeräte sind digitale Dienste und Produkte überall verfügbar. Die Globalisierung wird durch die Digitalisierung und das Internet verstärkt und angetrieben.

3. **Permanente Veränderung**
   Veränderung ist kein aufgesetzter Sonderzustand; sondern die Fähigkeit zur Veränderung ist in die Struktur eines Unternehmens zu integrieren.

Projekte sind eine zentrale organisatorische Grundlage für den permanenten Veränderungsprozess. Das Unternehmen passt sich mit einer Projektstruktur beständig an die Aufgaben an. Eine Innovationskultur und eine entsprechende Organisation treiben Veränderung im Unternehmen aktiv voran.

Die Transformation

Der Transfer eines klassisch strukturierten Unternehmens in ein digitales, agiles und selbstorganisiertes Unternehmen umfasst die ganze Bandbreite einer Organisation.

1. Sofort
Der richtige Zeitpunkt für den Beginn der Transformation, sofern noch nicht begonnen, ist jetzt und sofort. Die Projektstruktur wird überall eingesetzt. Jede Abteilung, jede Aufgabe, wird im ersten Schritt in ein Projekt verpackt.

2. Überall
Es wäre zu kurz gesprungen, nur Teilbereiche zu transformieren oder gar auf ein paar Start-ups auszulagern. Notwendig ist es, das ganze Unternehmen zu verändern. Das gilt gerade und besonders für den Unternehmenskern. Die Kernkompetenz des Unternehmens muss vorrangig fit gemacht werden. Mehr noch: Das Unternehmen muss in die Lage versetzt werden, seine Kernkompetenz flexibel zu verändern, unter Umständen sogar radikal zu verändern, etwa in eine Plattform.

3. Für jeden
Alle Mitarbeiter sind involviert. Die Herausforderungen für die Personalführung sind vielschichtig und umfangreich: Sich selbst steuernde Teams und Mitarbeiter, Veränderung als Belebung und nicht als Stress zu erleben, mit Extremen wie Nulltoleranz bei Fehlern und zugleich einer fehleroffenen Kultur umzugehen, das Erlernen agiler Arbeitsweisen und Werkzeuge

sowie Neugestaltung der Arbeitsumgebung. Die gute Nachricht: Agile Arbeitsweisen stärken das Engagement und die Bindung der Mitarbeiter.

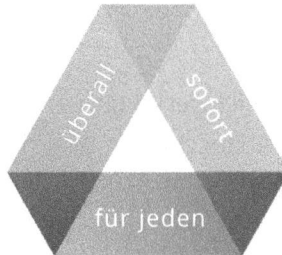

Die Instrumente

Die wichtigsten Werkzeuge eines Unternehmens für ein neues Organisationsdesign sind:

1. **Digitalisierung**

   Alles wird digitalisiert, was sich digitalisieren lässt. Die analoge Version wird soweit als möglich abgeschafft. Was nicht unmittelbar digitalisierbar ist, wird durch einen digitalen Zwilling dargestellt. In den Unternehmensprozessen werden vorrangig digitale Objekte verwendet. Diese steuern die realen Objekte, soweit diese noch relevant sind.

2. **Automatisierung**

   Der komplette Prozess für die Softwareentwicklung und den IT-Betrieb wird automatisiert und zusammengeführt (DevOps). Der Betrieb wird auf Cloud-Technologie durchgeführt, unabhängig davon, ob die IT-Systeme in einem internen oder externen Rechenzentrum laufen. Die IT-Automatisierung ist beispielgebend für die gesamtbetriebliche Automatisierung und zugleich Basis agiler Arbeitsweisen in anderen Bereichen.

3. **Standardisierung**

   Modularität und Standards sind ein großer Hebel für die Skalierbarkeit und damit für Massengeschäft und Automatisierung. Zugleich erleichtern sie aber Wettbewerbern den Einstieg.

4. Fehlerkultur

Bausteine wie Iteration, Monitoring und Feedback sind Grundlage einer Arbeits- und Fehlerkultur, die ständige Erneuerung ermöglicht.

5. WorkNet

Noch ist das WorkNet ein Flickwerk von verschiedenen Tools. Ein erstes Ziel ist es, interne E-Mails abzuschaffen und die Kommunikation auf modernere Systeme zu verlagern.

6. Projektstruktur

Eine agile Projekt-Organisation ist die Grundlage für die Struktur eines Unternehmens. Denn: Alles ist ein Projekt.

7. X-Work

Auf dem Weg zur High Performance Organisation werden im ersten Schritt neuralgische Positionen mit Tandems verstärkt. Cross-funktionale Teams werden aufgebaut und eine Kultur für Gegensätze entwickelt.

8. Business Profiling

Das Gestaltungsinstrument für Geschäftsmodelle ist Business Profiling. Business Profiler steuern damit die Entwicklung von Geschäftsmodellen ähnlich wie ein Product Owner im Scrum-Prozess.

☆ **Start small, but start.**

The Driving Leader

Marktführer schaffen sich ihre Märkte am besten selbst und treiben diese an. Die Gene eines Marktführers sind:

1. **Allgegenwart:**
    Sofort, überall, für jeden.
2. **High Performance:** Die Fähigkeit, mit höchster Qualität und Tempo zu agieren und jederzeit auf vielfältige Veränderungen zu reagieren. High Performance Organisation arbeitet geschmeidig in Echtzeit und holt die Zukunft in die Gegenwart.
3. **Ständige Erneuerung:** Die Kompetenz, die eigenen Produkte, und sogar das eigene Geschäftsmodell ständig zu hinterfragen und sich disruptiv zu verändern.
4. **Radikal vereinfachen:** Extreme Vereinfachung für den Kunden hat großes Erfolgspotential. Am radikalsten ist die Digitalisierung selbst: 0 oder 1. Die Fähigkeit zu gutem Design ist zentraler Erfolgsfaktor für die Gestaltung digitaler und analoger Welten.
5. **Systemimmanent:** Die Selbststeuerung eines Unternehmens erhöhen, indem Methoden und Verfahren durch entsprechende Mechanismen in die Alltagsprozesse integriert werden. Dadurch wird explizite Planung und Steuerung durch Automatismen und Eigensteuerung ersetzt.
6. **Die Extreme:** Sich maßlose Ziele setzen und Unmögliches möglich machen ist Stilmittel für digitale Geschäftsmodelle.
7. **Die Gegensätze:** Es gilt die am weitesten auseinanderliegenden Positionen gleichzeitig zu beherrschen und zu einer Synthese zusammenzuführen.
8. **Der Mensch im Mittelpunkt:** Alles entwickelt sich auf den Kunden zu und dieser wird als Mensch individuell wahrgenommen.

Digitale Megatrends

Was sind die herausragenden digitalen Entwicklungen der nächsten 20 Jahre?

Zentrale treibende Kraft ist und bleibt der technologische Fortschritt, der Zuwachs an schlichter Rechenleistung. Am Horizont ist mit dem Quantencomputer eine neue Technologie jenseits der Digitalisierung sichtbar, die für manche Anwendungsfälle buchstäblich ein Quantensprung bedeuten wird.

Die Arbeitsgeschwindigkeit der Unternehmen wird sich drastisch erhöhen. Dies erfordert vielfältige Maßnahmen, etwa umfangreiche Automatismen als Unterbau. Zudem muss die Arbeitsleistung der Organisation von der Arbeitsleistung des einzelnen Mitarbeiters entkoppelt werden. Die Entwicklung der eigenen Kenntnisse und Fähigkeiten wird Teil des Arbeitsalltags. Kreative Konzentrationsphasen werden mehr Raum einnehmen. Die Fähigkeit, Veränderungen nicht nur auszuhalten, sondern positiv zu gestalten, wird auch gesellschaftliche Relevanz erfahren.

Das WorkNet in Verbindung mit der Projektstruktur wird die Arbeitswelt massiv beeinflussen und die Grundlage für viele Innovationen in der täglichen Arbeit sein. Das WorkNet ist das zentrale Arbeitsmittel, um die menschliche Arbeit über Unternehmensgrenzen hinweg zu organisieren.

Künstliche Intelligenz wird allein durch die wachsende Rechenleistung disruptive Fortschritte erzielen und in vielen Bereichen erfolgreich eingesetzt. Roboter werden in verschiedensten Formen immer häufiger im Alltag zum Einsatz kommen und in Beruf und Privatleben wertvolle Hilfestellungen leisten können.

Die additive Fertigung und Smart Lot sowie digitalisiertes Material werden nicht nur die Produktion verändern, sondern von der Produktentwicklung bis hin zur Lieferung vieles rund um das Produkt auf neue Grundlagen stellen. Die Komplexität der Produktion verlagert sich in das Produkt, von der Logistik der Hardware in die Orchestrierung der Software.

Die Verbindung von analoger und digitaler Realität, sowie die Beseitigung aller Hürden durch natürliche Schnittstellen, wird eine große treibende Kraft sein. Besonders Augmented und Mixed Reality werden das tägliche Leben erheblich durchdringen. Das Prinzip des digitalen Zwillings birgt ein spannendes Potential für neue Geschäftsmodelle und wird bestehende Geschäftsmodelle nachhaltig verändern.

☆ **Während der digitale Zwilling die Realität in die Virtualität transportiert, so wird mit digitalen Realitäten das Digitale in die Wirklichkeit gebracht.**

Der bedeutendste Megatrend ist der Mensch selbst. Je mehr die Digitalisierung alles durchdringt, desto mehr steht der Mensch als analoges, biologisches und emotionales Wesen im Mittelpunkt. Nüchterne Digitaltechnologie trifft auf verschiedenartige Individuen. Natürliche Intelligenz begegnet künstlicher Intelligenz. Menschliche Begabung verschmilzt mit dem Potential digitaler Rechenmaschinen.

Neurokognitive Zusammenhänge werden noch intensiver erforscht und mit den Möglichkeiten der digitalen Welt verknüpft. Computer beschäftigen sich mit dem Menschen an sich, werden zunehmend sogar ein Teil davon. Der Mensch wird somit nicht mehr an Systeme angepasst, sondern Systeme an den Menschen.

Es werden vor allem mit vermehrter Dringlichkeit Fragen gestellt werden, inwiefern der digitale Wandel auch einen Paradigmenwechsel gesellschaftlicher Strukturen in Arbeits- und Privatleben bedeutet. Megatrend Mensch – eine spannende und faszinierende Entwicklung.

Digitalisierung als Chance

Je mehr die Digitalisierung das tägliche Leben durchdringt, desto stärker wird ihre gesellschaftliche Bedeutung. Der technologische Fortschritt muss vor allem dem Menschen dienen. Die Digitalisierung bietet die Chance, das Leben menschlicher zu gestalten.

Online-Universitäten ermöglichen die orts- und zeitunabhängige Gelegenheit, zu studieren. Überall, sofort, für Jeden. Damit ermöglichen diese Universitäten einen niedrigschwelligen Zugang zum Studium, der manchem sonst verwehrt wäre. Menschen können im eigenen Rhythmus lernen und arbeiten und damit ihre Möglichkeiten besser ausschöpfen. Der Takt des Industriezeitalters weicht dem Rhythmus des Lebens. Lebenslanges Lernen, die eigenen Fähigkeiten zu entwickeln, wird Teil des Berufes werden. Die Digitalisierung kann dafür Freiräume schaffen, indem sie mache Tätigkeit übernimmt oder zumindest unterstützt. Die Digitalisierung bietet die Chance, ein Gefüge zu schaffen, das auf den Einzelnen eingeht.

Andererseits kann eine digitale Umwelt auch der Vereinzelung und Isolierung Vorschub leisten. Alle sind miteinander vernetzt, aber niemand kennt den anderen persönlich. Der Rahmen einer Großfamilie muss durch andere aktive Strukturen auch außerhalb von Schule und Arbeit Menschen miteinander verbinden. Wenn Computer und Roboter Routinearbeiten übernehmen, bleibt den Menschen mehr Zeit, sich sozialen Aufgaben zu widmen.

Die technische Entwicklung wird die Gesellschaft mindestens so verändern, wie es schon die industrielle Revolution getan hat. Extreme Thinking heißt, dass wir unsere sozialen Systeme auch darauf vorbereiten müssen, dass Menschen wesentlich älter werden als heute und Maschinen Erwerbsarbeit im deutlich größeren Ausmaß übernehmen. Wird uns die Arbeit ausgehen? Zumindest sollten wir darauf vorbereitet sein und zugleich auch die Chancen sehen. Trotz allem Unfrieden schreitet die Vernetzung und Globalisierung nicht nur in der Wirtschaft weiter voran, sondern verbindet auch die Gesellschaften über Staaten und Nationen hinweg.

Agile Strukturen werden die statische Architektur der Vergangenheit ersetzen. Sie ermöglichen mehr Flexibilität und Mobilität, erfordert aber auch die Fähigkeit, Veränderung als Bereicherung zu verstehen. Die potentielle Ortsunabhängigkeit ermöglicht die Stärkung ländlicher Räume.

Kreativität, Gestaltung und Innovation werden ein immer stärkeres Gewicht bei der Entwicklung von Produkten erhalten. Die Verschiebung auf Forschung und Entwicklung wird menschlicher Kreativität mehr Raum geben.

Die Digitalisierung ist eine Chance für ein freieres und menschlicheres Leben. Leitbilder hierfür sind Agilität, Kreativität und Humanität (ACH). In den Mittelpunkt der Digitalisierung rückt der Mensch. Die Digitalisierung, die Minimalisierung auf 0 und 1, hat ein enormes Gestaltungspotential. Die Digitalisierung steht erst am Anfang. Und wir sind Mitwirkende dieser revolutionären Entwicklung. Wie jede Veränderung wird auch die digitale Revolution Licht und Schatten werfen. Es gilt, die vielen Chancen zu erkennen und umzusetzen. The Making of Digital.

ZUSAMMENFASSUNG Kapitel 12

☆ Unternehmen werden grundlegend zu permanenter Veränderung sowie ständiger Handlungsfähigkeit und globaler Präsenz transformiert.
☆ Marktführer schaffen sich ihre Märkte am besten selbst.
☆ Agilität, Kreativität und Humanität (ACH) sind die Leitbilder.
☆ Der größte Megatrend ist der Mensch.
☆ Digitalisierung ist Herausforderung und Chance.

ANHANG

Autor

Der Autor Ulrich Bode ist Informatiker und seit vielen Jahren als Berater in Branchen wie Automotive, Handel, Finanzdienstleister und öffentliche Verwaltung tätig. In seinem Buch „Die Informationsrevolution" (1997) sagte er unter anderem die Entwicklung des Smartphones (2007) und kryptografischen Digitalgeldes (2009) vorher. Ulrich Bode ist Fellow der Gesellschaft für Informatik.

Prognose von Ulrich Bode 1997, zehn Jahre vor dem ersten iPhone:
„Die beschriebenen Trends werden einen Computer von der Größe eines Telefon-handys hervorbringen, aber mit allen – und noch mehr – Funktionen eines Computers. Dieses All-in-One-Handy wird auch einen Fotoapparat, einen Scanner, ein Diktiergerät etc. integriert haben."

Sprache

In diesem Buch werden gelegentlich englische Begriffe verwendet. Dies ist in der IT-Welt und der internationalen Geschäftswelt üblich und trägt zum gemeinsamen Verständnis bei. Sofern dies möglich war, wurde auf geschlechtsbestimmende Begriffe verzichtet.

Index

www.ingramcontent.com/pod-product-compliance
Lightning Source LLC
Chambersburg PA
CBHW061807210326
41599CB00034B/6911